내 꿈은 이카로스 날개가 아니다

내 꿈은 이카로스 날개가 아니다

2025년 11월 20일 초판 1쇄 인쇄 발행

지은이	노상흡
펴낸이	박종래
펴낸곳	도서출판 명성서림
등록번호	301-2014-013
주소	04625 서울시 중구 필동로 6 (2, 3층)
대표전화	02)2277-2800
팩스	02)2277-8945
이메일	msprint8944@naver.com

값 15,000원
ISBN 979-11-7439-059-2

본 책의 구성 및 맞춤법, 띄어쓰기는 작가의 의도에 따랐습니다.
이 책의 저작권은 저자와 도서출판 명성서림에 있습니다. 무단 전재 및 복제를 금합니다.
이 책 내용의 일부 또는 전부를 재사용하려면 반드시 저자와 도서출판 명성서림의 동의를 얻어야 합니다.
파본은 구입처에서 바꾸어 드립니다.

내 꿈은
이카로스 날개가
아니다

노상흡 수필집

도서출판 명성서림

머리말

바람 때문에

  거칠고 어둡던 나목이 심상치 않다. 바람이 스쳐 갔다. 형체도 빛깔도 향기도 없이 살며시 초목을 깨운다. 나무들은 아직 방향과 강도를 감지하지 못해 기지개도 하품도 못 하지만 우직하고 무심한 내가 먼저 눈을 비볐다.

  어느 날 문득 바람이 속삭였다. 저장해둔 글들이 말라비틀어지고 묵고 바래서 사라질 거야. 일단 꺼내서 버릴 것은 버려. 뒤숭숭한 머리 창고도 비워야 다른 글을 저장할 수 있잖아. 달콤한 속삭임에 정신 차렸다.

  조용히 남을 움직이는 바람처럼 남들과 소통하고 공감하고 싶어 글을 쓴다. 글보다 말이 상대를 움직이기 쉽고 전달이 빠르겠지만 나는 무디고 느린 글로 뜻을 전달하고 싶다. 언어는 시위를 떠난 화살처럼 빠르게 상대에게 꽂힌다. 상대의 표정과 동작을 살필 겨를도 없이. 한번 날아간 화살은 되돌리기 어렵다. 해버린 말이 중언부언 횡설수설했는지 알 길 없고 되돌릴 수도 없다. 나는 가끔 직설적이고 거칠고 경박한 말로 누군가에게 상처를 주었을 것이다.

  그렇다고 글은 안전한가. 첫 수필집 읽으면서 아쉬움이 많았다. 했던 말 또 하고 사자성어나 속담을 인용했던 것 같다. 읽어준 사람은 맛없는 음식 먹듯 물렸을 것이다. 무안하고 아쉽다. 다시 한 번 넋두리 없이 쉬운 단어로 짧은 문장으로 쓰고 싶었다. 이제부터는 우울하고 절망적 표현은 쓰레기 처리해버리고 잘 숙성된 과일처럼 달콤하고 싱싱하고 희망찬 글이 탄생하기를 기다렸다.

다음 수필집은 마음에 들 때까지 서두르지 않기로 했다. 글은 말과 달리 마음에 안 들면 얼마든지 바꾸고 지우고 덧붙여도 된다. 거짓이나 위선을 부리지 않았나 내 감정에 빠지지 않았나 만지작거리는 사이 세월이 많이 앞서버렸다.

글에 부푸러기만 떼 내고 있을 때 출간을 권하는 문우가 있었다. 글도 오래 묵으면 시들어진 과일처럼 과즙도 윤기도 없어진다고. 마침 때는 이른 봄이었다. 봄은 지난 계절에 미련 두지 않고 다시 시작한다.

봄바람은 산파였다. 지력과 내공 부족으로 첫째 수필집과 터울이 길어졌다. 아쉬움이 많지만 내 영혼의 자식이다. 자식은 존재만으로도 뿌듯하고 가슴 설렌다. 그 탄생의 환희를 바람에 실려 보내고 싶다 조용히.

이 글을 준비할 무렵 송홧가루가 가정마다, 동네 골목, 냇가, 강가, 가장자리를 노랗게 물들인다. 송홧가루야 너 어찌 바람 없이 멀리멀리 날아갈 수 있었겠냐.

2025년 가을에
전자 책을 종이 책으로 개편하면서

목차

1부 아를에 여인

파마하는 날 / 10
아를에 여인 / 13
지독한 산골짝 / 16
아름다운 순간은 기억되어야 한다 / 19
양금택목 / 22
만병통치약 / 25
권력의 잣대 / 28

2부 참새와 제비

갑부 할머니 / 32
수월해진 길 / 35
참새와 제비 / 39
소설 쓰네 / 42
기발한 생각 / 46
그 후 / 49
처음 만난 남자 / 52

3부 구름에 가린 태양

이카로스 날개　58
구름에 가린 태양 / 61
빨래터 / 64
파도에 씻긴 조약돌 / 68
등나무와 칡덩굴에 물어 무엇하리 / 72
화수분 / 76
호랑이 손님 / 79
냄새 / 82

4부 또 다른 가족

경험 / 86
어처구니가 없네 / 89
또 다른 가족 / 93
2020년 여름 / 96
울면 안 돼 / 99
정신 차려 / 102
임종은 누가 / 106

목차

5부 정원에 너를 심어 두고

정원에 너를 심어 두고 / 110
우문에 현답은 없다 / 113
다행이라고? / 116
강을 건넜다 / 119
간격 / 123
나는 안다 / 127
내 팔자 / 130
이렇게 가는 거야 / 133
그때는 살아 있었다 / 136
뿌리 / 140

1부

아를에 여인

파마하는 날

 머리 커트하는데 얼마예요? 군데군데 가죽이 벗겨진 긴 소파와 의자에 비스듬히 앉아있던 아주머니들이 내게로 눈길을 돌린다. 미장원 주위는 빈 가게가 많고 깨끗한 건물에 화려하게 꾸민 미장원도 많이 지나쳤다.

 이집 저집 기웃거리다 가게 앞 아기자기하게 꾸며진 화분에 끌려 걸음을 멈추었다. 크기도 모양도 다른 화분에 여러 화초가 윤기가 흐르고 철 따라 피는 꽃이 화려하다. 주인의 섬세하고 부지런한 솜씨가 엿보인다. 미장원 문을 열고 들어선다. 가구와 수납장들이 칠이 벗겨지고 흠집이 많다. 초라함보다 경력의 역사가 고스란히 보인다.

 차례를 기다리는 내게 아주머니들이 묻는다. 처음 보는데 어디 사요. 눈 오는 날 이사 왔어요. 어디서 왔는디. 빠르고 편리한 지하철이 다니는 서울에서요. 지하철이 좋은가. 집 앞까지 데려다주는 자가용이 최고지. 전주서 살려면 승용차가 있어야지. 차도 없으면서 왜 왔어?

 중소도시 대중교통은 버스다. 대부분 이동 거리가 버스로 30분 이내다. 출퇴근 시간만 피하면 길이 막히지 않는다. 승객이 많지 않아 자리가 넉넉하다. 버스 기사가 서두르지 않고 천천히 안전하게 타고 내리라고 느긋하게 기다려준다. 전주 인심이다.

파마를 예약해둔 사람이 급히 들어서며 늦어서 미안하다고 미용사 눈치를 살핀다. 옥수수 사 오려고 했는데 옥수수 집 문이 닫혔네. 들리락말락한 소리로 변명한다. 원장은 그녀를 기다리지 않았다. 그 시간에 내가 대신했다. 너스레를 떨어도 원장이 반응 없자 다시 맛있는 옥수수 사 오려고 했는디. 혼자 구시렁댄다. 헛소리일망정 약속을 못 지켜 미안해하는 모습이 순박하고 예의를 아는 사람 같다.

원장이 물었다. 커트만 한다고. 에이 파마로 해요. 네. 어떤 모양으로 해드릴까요. 원장님 솜씨대로 해주세요. 참, 너무 짧게 자르지 말고 굵고 부드럽고 느슨한 웨이브로 말아주세요, 며칠 후 미국 갈 거든요. 아무도 묻지 않았는데 나도 몰래 불쑥 나온 말이다.

낯선 사람들이 그 좋은 서울을 두고 왜 전주로 내려왔냐고, 사업에 실패했냐. 이혼했냐 끈질기게 묻는다. 대답하지 않아도 되지만 독자를 위해 소설도 쓰는데 지루한 사람들을 위해 솔직히 말했다. 3층 계단이 지옥 길이 되기 전에 왔다고.

염색을 미룬 사이 머리카락에 눈이 내렸다. 출퇴근 시간에 내린 눈은 긴장감이었다. 가게 앞이 빙판 되지 않게 염화칼슘을 뿌리고 눈이 그치면 그 잔해물을 깨끗이 씻어내야 한다. 이사 오고 계속 눈이 내리고 또 내렸다. 아파트 발아래 지붕에 나무 우듬지에 자동차에 도로까지 설국이다. 하얀 리넨 카펫으로 내 귀향을 축복해주는 것 같다.

미용사는 나이 먹어서 커트 머리는 고루하고 융통성 없어 보인다. 머리 모양이 첫인상이다. 그녀는 말아둔 파마머리를 풀어보고 중화제를 발라야 한단다. 정년퇴직했으니 삶의 방식이 달라져야 할 텐데. 분주하고 긴장되고 경쟁 속인 대도시에서 계속 살 것인가. 지방으로 내려가자는 의견이 맞지 않아 부부는 속을 끓였다. 그때 엘리베이터가 손짓했다.

엄동설한에도 불구하고 이사를 서두른 것은 이미 마음이 서울을 떠나버렸기 때문이다. 서둘러 오긴 했어도 손 놓고 있는 것이 누군가에게 신세 진 것 같아 민망하고 어색하다. 빈둥거린 나날이 지루해질 때쯤 미국 초대다. 난 아직 여행에 대한 꿈과 희망이 있었다. 미지에 대한 긴장과 기대와 호기심으로 가슴이 두근거린다.

중화제를 바르고 얼마 후면 파마는 끝난다. 파마머리는 부드러운 물결처럼 윤기가 흐른다. 느리고 낮은 전라도 억양처럼 구불구불 곡선이 유연하다. 얼마예요? 예상치 못한 저렴한 금액이다. 이것이 중소도시의 매력인가. 미장원 원장은 미국 갈 때 꼭 들러 머리를 다듬고 가란다. 군데군데 빈 가게이고 건물마다 미장원이 있어도 이 집만 단골들이 붐비는 이유다. 꼼꼼한 마무리가 정겹다.

아를에 여인

'아를' 하면 고흐가 떠오르고 키 큰 여인이 생각난다. 아를에서 붉은 포도밭, 밤의 카페테라스, 론강의 별이 빛나는 밤, 꽃이 활짝 핀 아몬드 나무 등 고흐의 발자취를 따라갔다.

그림 800여 점과 편지 900여 통과 드로잉 1,300여 점을 남긴 천재 화가 고흐는 37년 짧은 생 중 화가 생활은 약 8년이라고 한다. 생전에 그림 딱 1점을 판매했을 뿐이라니 물심양면으로 고흐를 도와주던 태호는 얼마나 형이 안타까웠을까. 별이 빛나는 밤 론강이 내려다보이는 방에서 한 남자를 생각한다.

아를 거리 길바닥에는 고흐 '그림 그리러 가는 화가' 표지를 따라가면 그림의 배경이 이어진다. 론강 둑길을 걷다 보면 '트랭크타유의 다리' 표지판이 있다. 론강을 가로지르는 거대한 다리 시작 부분으로 지금도 그림과 똑같은 현장이 있다. 우리가 묵을 숙소는 그 표지판 바로 옆이다.

남프랑스의 작은 도시 아를에서 에어비앤비 숙박업을 하는 여인은 키가 크고 긴 목에 체크 목도리를 느슨하게 두르고 있었다. 마당도 없는 자그마한 건물이 좁고 높아 론강을 내려다보기에 안성맞춤이다. 발뒤꿈치를 들어서 벨을 누르자 60대 여인이 반가워하며 쪽문을 연다. 집안으로 들어서자마자 사무실이고 주방으로 이어진다. 우리가 여장을 풀기도 전에 여인은 팸플릿을 펴들고 여행할 곳을 꼼꼼하게 설명한다. 프랑스 로마로 불린 아를 지도에 계속 동그라미를 그려가며 꼭 볼 곳은 별표로 표시한다. 안내가 끝이 없다. 느슨하게 맨 체크 목도리 한쪽 끝을 가끔 되감아 올리며 다음 장소를 소개한다. 프랑스 사람은 불어를 애용한다는데 유창한 영어로 설명한다. 서유럽을 여행하는 동안 현지 언어가 낯설었는데 그나마 영어가 반갑다. 마르세유 역무원이 불어를 해서 불편했다고 하자 아를은 세계적 관광지인데 당연히 영어로 안내해야 한다고 위로해준다.

우리처럼 자유여행하는 사람에게 '에어비앤비'는 가정집 같이 아늑하다. 음식을 직접 만들어 먹을 수도 있고 세탁도 가능하다. 아를 여인이 옆집 아줌마처럼 관광할 곳을 세심하게 안내해 줘 시간을 절약할 수 있었다. 우리가 묵을 숙소는 3층이다. 좁고 가파른 계단을 올라 방에 들어서니 '아를의 반 고흐의 방'에 노란 창문처럼 양쪽 여닫이 창문이다. 그 문을 열며 론강이 쫙 펼쳐진다. 밤이 깊어가고 별이 쏟아지기 시작한다.

론강 밤하늘은 검푸르고 별들은 총총하다. 고흐의 '별이 빛나는 밤' 강과 별을 목격하는 저녁. 강물은 비제의 '아를의 여인' 음악처럼 감미롭게 흐른다. 아래층을 내려가니 2층 주인도 문을 반쯤 열어둔 채 컴퓨터 앞에서 무엇을 열심히 하고 있다. 현관과 계단 곳곳에 자신이 만든 수제 공예품을 전시하고 소개한다. 다음날 컴퓨터 앞에서 글을 썼냐고 물었다. 번역했다고 한다.

'자신이 먹을 빵은 직접 일해서 벌어야 한다.'는 고흐와 함께하는 사업가다. 고흐의 발자취가 고스란히 남아있는 아를에서 그를 찾아오는 사람을 상대로 숙박업을 하고 번역도 하면서 화가를 세상에 알리고 기억하게 한다. 유능하고 열정적인 그녀가 멋있다. 능력이 부럽다고 했더니 뜻이 통하지 않았는지 오히려 우리 모녀에게 엄지척 해준다. 아이를 칭찬하고 내 옷차림이 아름답다고 한다.

세상을 따뜻하게 바꾸고 싶은 고흐, 글을 많이 쓴 고흐, 그는 왜 그토록 번뇌하고 좌절하고 고통스러우면서도 그림을 놓지 않았을까. 그 고통이 그림으로 승화되었다. 절규로 널리 알려진 뭉크도 고흐를 모델 삼아 화풍은 물론 사랑의 실패도 정신병원을 스스로 찾아가는 것도 가족을 잃은 슬픔까지 그림으로 승화시킨다. 동생 태호가 없었더라도 고흐는 그림을 계속 그릴 수 있었을까. 생각이 생각을 잇는 아를에서 밤은 깊어가고 별은 쉼 없이 론강으로 쏟아진다.

알퐁스 도데의 단편소설 『아를의 여인』은 남프랑스 부농의 아들, '장'이 한 여인을 사모하다가 스스로 목숨을 끊는 이야기다. 이 애절한 사연은 희곡으로도 각색되었고 작곡가 비제는 곡을 붙여 명곡이 되었다.

아를에 여인은 프랑스 '로마'라 불릴 중세풍 도시 아를을 보존하고 세계적으로 널리 알리는 열정에 빠졌다. 지성과 교양을 갖춘 여인이 기억 속에서 지워지지 않는다. 아를에는 알퐁스 도데의 『아를의 여인』이 있고 비제 감미로운 멜로디가 있고 고흐의 그림 『지누 부인의 초상』에 책 읽는 여인이 있다. 그리고 내게는 고흐를 잊지 말라는 목 긴 여인이 있다.

지독한 산골짝

　지독한 산골짜기가 내 고향이다. 그도 그럴 것이 가끔 버스만 오가고 전철도 고속버스도 없다. 기차를 타려면 십 리를 가야 하는 외진 곳이다.
　사방이 그만그만한 나지막한 산으로 둘러싸인 동네다. 논밭이라고는 산 그림자가 드리운 경사진 곳이 조금 있을 뿐이다. 기암절벽도 명산도 시야가 확 트이는 바다도 없는 곳이다. 초등학교 소풍은 학교 뒷산 '싹산' 절이 단골이었다. 땅에서 쌀이 나온다는 전설이 있을 정도로 주변 사람들이 곡식을 이고 지고 가서 기도하던 절이다. 그곳으로 소풍 가는 날이 관광이었고 수학여행 때 처음 기차를 타봤다.
　사방으로 도로가 뚫리고 승용차가 흔해졌다. 지독한 산골짜기도 차로 한 시간이면 관광지에 도착할 수 있다.
　남원은 성춘향이 고향이고 이도령의 처가다. 만약 셰익스피어가 춘향전을 쓴다면 희극일까. 비극일까. 명문가 양반이고 벼슬이 높은 이도령과 기생 출신의 딸인 춘향이 사랑을 고결하고 품격있게 그려줄까. 맛깔스럽고 정겨운 전라도 사투리는 표현할 수 있을까.

외가를 오가며 지나친 남원 광한루가 조선 시대 대표적인 누각인 줄 뒤늦게 알았다. 보물 281호 본루가 원형 그대로 남아있다. 오빠가 자주 가시던 남원 향교, 일본군과 맞서 싸우다 순절한 호국의 얼을 모신 '만인의총'도 둘러볼 수 있다.

남원 가는 중간에 오수 원동산 의견비도 둘러보고 매안이씨 종가가 불타기 전 청암부인 고무신이 가지런히 놓였던 '혼불' 배경지를 다녀온 후 혼불 문학관도 다시 구경한다. 물리적으로 1시간 거리에 유명한 관광지가 많으니 이제는 지독한 산골짜기는 벗어났을까, 곳곳을 자세히 꼼꼼하게 돌아보려면 일주일도 짧다.

'남원 실상사'는 여유를 가지고 역사적 의미와 문화적 가치를 음미하며 돌아보려면 넉넉한 시간이 필요하다. 실상사는 지리산 들녘 평지를 걸으면 된다. 아주머니들이 길 양쪽에 특산품을 진열해놓고 호객하는 토속어가 정겹고 귀에 익숙하다. 실상사는 통일신라 시대에 창건된 한국최초의 선종 사찰로 홍척 국사가 개조했다고 한다. 제자 수철 화상은 스승 유지를 받들어 실상사 선문을 크게 부흥시켰다. 천왕문으로 들어가 '보광전' 앞에 선다. 단청하지 않은 문에 빗살 무늬와 정자 무늬가 고색창연하면서도 정갈하다. 대웅전 양쪽으로 서 있는 보물 37호 쌍탑과 보물 35호 석등이 반긴다. 천이백 년 넘은 세월에도 석탑 상류부는 온전히 남아있다.

어느덧 석양은 쓸쓸한 사찰을 황금색으로 뒤덮는다. 인적 없는 고요한 실상사를 뒤로하고 우리도 귀가를 서두른다. 나오는 길에 왼쪽 실상사를 창건한 홍척 국사 유골이 봉안된 '증각대사탑'과 그 제자 수철 화상의 부도와 부도비도 들른다.

　홍척 국사가 머물던 '백장암'은 인월 방향으로 십여 리쯤 떨어져 있다. 백장암에 국보 10호인 삼층석탑이 유명하고 '약수암'의 전북유형문화재 목조아미타 불상과 '서진암'에 석조 나한상도 있다고 한다. 봐야 할 곳이 하도 많은 곳이 내 고향이다.

　의령 어느 시인은 홍의장군 곽재우와 충절의 고장을 알리는 데 일생을 바치겠다고 한다.

　카잔차키스는 조국 크레타섬을 "한 번 부르면 가슴이 뛰고 두 번 부르면 코끝이 뜨거워진다."라고 한다. 지독한 산골짝 내 고향을 생각하면 가슴이 뜨거워진다.

아름다운 순간은
기억되어야 한다

    2024년 '서울 국제정원박람회'가 뚝섬한강공원에서 열렸다. 4월이 되자 앞다투어 싹이 트고 꽃들이 피는가 싶더니 굴착기가 파 뒤집기 시작한다. 수크령 하멜론과 억새들이 모여있던 곳이 뒤집히고 뽑히고 묻히고 수난을 겪고 있다. 수시로 바뀌는 모양과 색깔이 감지되고 바람 소리까지 들리던 넓은 공원은 거친 기계 소리와 먼지와 인부들 고성으로 아수라장이다.

    뚝섬한강공원은 도심 속에 숨 쉬는 자연 공간이다. 지친 심신을 달래 준 한강은 쉴 새 없이 흐른다. 우람한 고목들과 많은 식물과 잔디밭은 옛 모습일까. 자연도 인간도 세월의 흐름을 탔다. 수수꽃다리도 소나무도 괴불나무가 뒤틀리고 굽었다.

    오월 녹음이 짙어지던 날, 서울 국제정원박람회가 열렸다. 뒤숭숭하던 뚝섬한강공원은 말끔히 정리되었다. 예스럽고 자연스럽던 넓은 공원이 정원사의 감각과 정서에 따라 다양하게 꾸며졌다.

그 무렵 한국문인협회 수필분과 대만 심포지엄이 있었다. 일정 중 신베이에 임어당 고거에서도 정원을 만났다. 1966년 선생님이 직접 설계한 푸른 기와와 하얀 담 아치형 회랑에서 선생님 발자취를 따라 정원과 묘지를 둘러 본다. 베란다에서 고요한 마음으로 관음산을 바라보며 "집에 정원이 있고, 정원에 건물이 있으며, 정원에 나무가 있고 나무에는 하늘이 있고 하늘에는 달이 있으니 그 어이 유쾌하지 않은가." 선생님 정원 예찬이다. 정원에는 작은 연못과 신기한 나무들이 선생님의 추억을 머금고 있다. 집 뒤뜰에 "林語堂先生之墓"라고 쓴 돌로 덮인 묘지에 커피가 올려져 있다. 선생님을 기억할 수 있는 대만 심포지엄은 새로운 지평을 넓히는 기회가 되었다.

귀재들이 3박 4일 동안 일정을 영상과 음악으로 만들어 올려줬다. 뜻깊은 일정이 돌아서는 순간 가물가물해진다. 일목요연하게 정리한 사진들과 기사들은 개성 있는 인재들의 정원 같았다.

정원에는 향기 어린 추억이 있었다. 긴 영상과 많은 사진 중에 가장 눈에 띄는 것은 웨딩드레스를 입고 화관을 쓴 이벤트다. 색다른 행사는 정적인 세미나를 유쾌하고 활기차게 장식했다. 참가해 본 경험자가 특별한 추억에 동참하라 했다. 용기가 없어 추억 하나를 놓쳤다.

아름다운 순간은 영원히 기억되어야 한다. 포클레인도 건들지 못한 거대한 수양버들나무와 우람한 소나무 같은 한국문인협회 선배님을 사표로 역사와 전통을 지키고 그 토대 위에 후배들이 변화와 혁신을 꿈꾸며 지평을 넓힌다. 그 자리가 이번 심포지엄이었다. 국립대만 문학관 관장 임건력林巾力은 한국과 대만 문인이 교대로 심포지엄을 이어가기를 희망

한다. 참가자들은 박수로 환호했다. 대만 세미나는 열정 있는 권남희 부이사장님을 비롯하여 많은 분들의 결실이다.

  국제정원박람회에 참가한 정원 작가들은 뚝섬한강공원을 옛 기억과 추억을 간직하고 새로운 변화를 주제로 꾸몄다. 수난을 겪던 수크령 하멜론이 단독으로 정원을 차지한다. 흰색 깃털 모양으로 개화하여 겨울에는 갈색 열매로 변하고 겨울 동안 잎의 보호를 받아 봄을 맞이한다. 그 모습을 다시 보게 되었다. 다년생 식물인 억새 정원도 새롭게 꾸며졌다.

양금택목

봉황은 벽오동에만 앉는다. 문학기행은 유명한 시인이 태어나서 노닐던 그 벽오동을 찾아 나선다. 우리를 태운 관광버스 요금은 인사말이다. 앞에서부터 차례대로 재치 있고 개성 있게 자신을 소개한다.

오랜만에 만난 시인도 점잖은 평론가도 유식한 소설가도 본인 차례가 되면 유머와 위트로 분위기를 예열한다. 어느 수필가 차례가 되자 "여러분! 차창 밖에 저 무덤 봐요. 오늘을 즐깁시다?" 하고 멋지게 한 곡 뽑아낸다. 승객들도 어깨를 들썩이며 따라 부른다. 막바지 피서객으로 꽉 막힌 고속도로가 벽오동이면 즐거워하는 승객은 봉황이다.

봉황은 안동시 도산면 '이육사문학관'에서 앉는다. 본명 이원록 대신 수인번호 264가 위대하게 빛나는 이름이다. 시인은 일제 강점기와 감옥이 오동나무였고 민족의 슬픔을 위로하고 조국의 광복을 염원하는 시가 봉황이다. 봉황이 어린 시절 뛰놀던 들판과 안산에서 광야, 청포도, 절정 등 귀한 알을 낳았다.

다른 벽오동을 찾아 영양 '주실 마을'과 '지훈문학관'으로 출발했다.

그 길은 구절양장이다. 지조를 지켰던 시인처럼 똑바로 중심을 잡고 싶은데 자꾸 흔들렸다. 구부러지고 경사진 길이 위협하고 발목을 잡아도 버스는 굴러간다. 어둠이 내리 앉을 무렵 영양 문인들의 대환영 속에 도착했다. 시가 정서를 순화시켜 금수와 초목까지도 통한다는 말이 뼛속까지 스민 시인들이다. 생면부지인 일행을 문학이란 카테고리로 분에 넘치게 대접한다.

조지훈 가훈 3불차 중 재산과 인물을 빌리지 않는다는 것은 다른 사람도 노력할 수 있을 것이다. 문맹이나 지식이 부족한 사람이 문장을 빌리지 않는다는 것은 매우 어려울 것 같다. 지조를 목숨처럼 여기고 노비 문서를 불태워 버린 개혁파이며 독립운동가 집안으로서나 가능했을 것이다.

'호은종택' 솟을대문을 들어서며 옷깃을 여민다. 조지훈 지조론 '지조가 없는 자는 믿을 수가 없고 믿을 수가 없는 자를 따를 수가 없다.'라고 한다. 시인의 산실 앞에서 바라보이는 문필봉과 노적봉이 시인의 벽오동이 아니겠는가. 많은 부자를 낳은 들녘을 지나 두들 마을로 향했다.

영양의 신사임당으로 칭송받는 정부인 안동장씨 부부가 살던 석계고택이 있다. 안동장씨 장계향은 전부인 아들을 포함해 7남 3녀를 훌륭하게 키웠다. 셋째 아들 이현일이 이조판서를 지내서 어머니가 정부인 품계를 받았다. 『음식디미방』은 정부인이 일흔이 넘은 나이에 집필한 한글 요리책이다. 아시아에서 여성이 쓴 가장 오래된 요리책이라고 한다. 우리는 석계고택 예절관에서 『음식디미방』 방영되고 있었다. 조리 책은 조선 시대 전통음식 연구의 지침서라고 한다.

마을 입구 석벽에 낙기대樂飢臺가 새겨졌다. 정부인은 보릿고개 때 상수리 죽을 끓여 배고픈 사람들에게 나눠주었다고 한다. 그 시대 배고픈 사람들에게 정부인은 벽오동이었을 것이다. 정부인도 율곡과 신사임당처럼 지폐 모델이 될 날이 올 것인가. 그의 불후의 명작 『음식디미방』과 함께.

경북 영양은 훌륭한 학자, 시인, 독립유공자, 문학가 오일도 시비, 장부인 안동장씨 유적비, 석계고택 석천서당 등 문학인에게 문학에 심취하고 대작들을 쓸 수 있는 벽오동이다.

장계향과 음식디미방이 그려진 고액지폐가 나올까. 그때가 되면 벽오동에 봉황 앉아있는 모습을 볼 수 있겠지.

만병통치약

　문학기행 버스가 출발하자 멋진 신사가 서두른다. 맛있는 것을 권하고 불편함은 없는지 부족한 것은 없는지 알뜰살뜰 살핀다. 낯선 사람이지만 시원스럽게 큰 키와 다정한 언행이 어색하지 않다.
　승객들이 궁금할 때쯤 자기를 소개한다. 중년 남자는 자신을 ○○대기업 부장이라고 소개한다. 인물 좋고 직장 좋고 선들선들한 서비스까지 문인들 마음을 사로잡는다.
　간단한 문제를 풀면 상품을 준다. 난센스퀴즈도 내 맞추면 똑똑하다고 추켜세운다. 순발력 없는 사람에게 자존심을 흔들어 경쟁심을 돋운다. 소지하고 있어도 쓰지 않은 물건으로 선심을 쓴다. 승객들이 관심을 보이자 본격적으로 영업을 시작한다.
　나이가 많아지면 기억력과 면역력이 떨어진다. 특히 작가들에게는 눈이 무기다. 집필하느라 받는 스트레스 해소에 필수다. 이 모든 증상에 꼭 맞는 약이다. 만병통치약이란다. 몇 명이 주문했고 어떤 사람은 의심스러워 망설인다.

남자는 소정의 목적을 거두고 중간에서 하차했다. 사람들은 수군거리기 시작했다. 여러 번 임상시험을 해서 신약을 시판해도 계속 추적조사를 하는 21세기에 구매 방법을 믿을 수 있을까. 유시민 작가는 "몇천 년 전에는 제사장이 신의 음성을 들었다거나 신탁받았다 하면 신뢰가 쌓였지만 21세기는 어떤 연구에 따르면, 어느 논문에 따르면 해야 반론의 여지가 없다."라고 한다.

이번 문학기행 목적지는 '백제역사유적지구'다. 2015년 백제역사유적지 8곳이 유네스코 세계문화유산으로 등재되었다. 유적지는 역사를 정확히 이해하고 제대로 인식할 수 있게 해줄 것이다.

1971년 무령왕릉에서 108종 4,600여 유물이 발굴되었다. 그중에 왕비 은제팔찌에 '多利作' 장인의 실명이 적혀있다. 다리의 금속공예 솜씨는 동아시아 최고수준이었다. 백제의 찬란했던 문화예술로 민족의 자존심이었다.

국립부여박물관에서 1500년 전 금동 대향로와 만났다. 성왕은 관산성 전투에서 죽음을 맞이한다. 아들 위덕왕은 성왕 영혼을 위로하려고 능산리 절을 지었다. 그 절터에서 금동 대향로가 1400년 잠을 자고 깼다. 백제인들의 정신세계와 예술적 역량이 함축된 공예품이라 한다. 백제문화를 감상하는 것은 예술을 꿈꾸는 사람들에게 활력소가 될 것이다.

고란사에서 내려다보이는 백마강이 유유히 흐르고 있다. 당나라 소정방에게 고개 숙인 백제의 비운이 온몸을 휘감는다. 마실수록 젊어진다는 고란사 우물물을 마시며 우울한 기분이 풀릴까. 손잡이가 긴 국자로 물을 뜨려는데 "같은 값이면 내가 사랑과 우정을 담아 떠드릴게요." 한다. 살짝 팔짱을 끼고 싶었던 선배다. 우울한 기분이 싹 달아난다.

젊은 뇌 과학자 장동선 "우리 뇌가 가장 기쁘고 행복할 때는 서로 좋아한다고 느낄 때다. 혼자는 행복할 수 없다."라고 한다. 좋은 사람들과 함께 한 백제 유적지 답사는 스트레스를 풀어주는 의약품은 아니더라도 식품보조제 급이다.

왕릉원과 박물관을 돌아보고 부소산성을 오르내려도 지치지 않았다. 일정에 없는 저녁밥까지 먹고도 헤어지기 싫어 뭉그적거리다 또 뭉쳤다. 노래방에서 목이 쉬도록 노래 부르다 다리가 후들거리도록 춤추고 배가 뒤틀리도록 웃었다. 그래도 기운이 남아 밤길을 십 리나 걸어 귀가했다.

돌아오는 버스 속에서 짝꿍은 그 남자의 명함을 이리저리 살피더니 "어, ○○제약이 아니네." 글자 하나가 비슷했다. 아무려면 어때. 약효는 이미 온몸으로 퍼져 활기차고 경쾌해졌는데. 눈도 맑아져 세상이 밝아 보이고 곁에 있는 사람이 아름답다. 좋은 사람들과 나눈 정담과 추억이 질 좋은 보약이었다.

권력의 잣대

요즘 영어에 관심이 쏠린다. 하루에 10분만 들으면 영어 실력이 발전할 것이다. 듣기만 해도 원어민과 대화도 가능하다. 광고가 입맛 당긴다.

세계 공통어인 영어는 날개다. 날개가 있어 여러 나라를 자유롭게 오가는 사람들의 피부 색깔과 눈빛과 머리카락 웨이브가 낯설지 않다. 그들과 뒤섞여서 생활하려면 우선 뜻이 통해야 한다. 알파벳은 페니키아인들이 상거래를 위한 목적이었다니 나도 외국인과 상거래를 할 때 영어로 말하려면 금방 알았던 단어가 입에서만 빙빙 돈다. 내가 더듬더듬하는 사이 상대방이 스마트폰 글자판을 들이댄다.

할 말을 즉시즉시 주고받아야 대화다. 7천여 개가 넘는 세계 언어를 기록해서 오래 멀리 전달할 수 있는 글자 종류는 17개에서 30여 개라고도 한다. 전 세계 인구 대부분이 라틴 알파벳, 아랍 알파벳, 시릴 알파벳을 쓰고 동아시아에 한자가 있고 우리나라에는 위대한 한글이 계신다.

어릴 적 우리 집은 다문화 가정이었다. 어머니는 절을, 아버지는 향교를, 나는 교회를 다녔다. 신앙이 다르듯 배우고 싶은 글자도 달랐다. 어머니는 한글을 아버지는 한자를 애용하시고 난 영어가 모국어인 아이들이 부러웠다. 아버지 책장에는 대부분 한문책이었다. 이태준은 『문장강화』에서 "한문은 영어보다 훨씬 어려운 문자다. 그것 한 가지만 방학도 없이 20여 년을 공부하고 졸업해도 한문으로 엽서 한 장 써내지 못할 것이다."라고 했다.

15세기에 세종대왕께서 창제한 한글을 정인지는 "지혜로운 사람은 아침나절이 되기 전에 이를 이해하고 어리석은 사람도 열흘 만에 배울 수 있다."라고 했다. 나는 초등학교 입학할 때까지 나이도 몰랐고 이름도 못 썼다. 입학하고 나서 어머니에게 한글을 배우기 시작했다. 어머니 교육 방법은 참 실용적이었다. 손으로는 길쌈하고 입으로는 내게 군대 간 오빠나 언니들에게 편지를 쓰는 법을 가르쳤다. 어머니가 "날씨가 덥다."를 쓰라 하면 "'나'자 썼어. 다음은 뭐라 써?" "'ㄹ'를 받쳐라. 날씨가 덥다, 썼냐." "'더'에 '따'라고 쓰면 돼?" 나는 초성을 어머니는 종성을 퍼즐 맞추듯 글을 쓰면서 한글을 배웠다. 아버지는 시조를 읊으시고 어머니는 조카들 재울 때 자장가 타령으로 나는 고무줄이나 줄넘기 노래를 사투리로 불렀다. 우리 집에서는 아버지 권력보다 어머니 권력인 한글이 셌다.

아버지 세대는 한자를 읽고 쓰는 것이 지식인으로 기본이었다. 학문이 깊어질수록 학자의 자부심이며 신분 상승의 지름길이었을 것이다. 다행히 나는 한글 전용 시대를 만나 20여 년을 배워도 엽서 한 장 못 쓰는 한자 공부를 피할 수 있었다.

세종대왕께서 오직 국민을 생각해서 창제하신 한글을 최만리는 고루하고 저능아라는 평가까지 받으면서 훈민정음 선포를 반대했을까. 정치

적이란다. 한자가 동아시아 주변국을 지배하고 있는데 감히 한글을 만들어 쓰는 것은 중국의 사대사상에 반하는 것이고 수준 낮은 오랑캐나 하는 일이었다. 오래되고 힘센 글자를 쓴 자가 권력을 쥔 자의 시대였다.

로마의 라틴어가 뿌리인 영어가 권력을 잡아 세계 공통어가 되었다. 우리나라도 영어 조기 교육에 열광하는 것은 오래전부터다. 여고를 졸업하고 바로 직장 생활할 때 초등학생 세 명 영어 과외를 청탁받았다. 동생이 없던 나는 공부보다 아이들과 함께 하는 시간이 좋았고 아이들도 나를 많이 따른 것 같았다. 몇 달 후 남을 가르칠 실력이 안 된다는 것을 스스로 깨달아 그만두었지만 지금도 그 생각을 하면 얼굴이 화끈거린다.

그 후 영어는 헤어진 첫사랑이었다. 조금 알고 있는 것조차 잊어버린 어느 날 뜻밖에 영어에 관심이 끌렸고 때마침 영어권 원어민을 만났다. 그는 "오래오래 삶을 살아라." "누져서 미안해요" 번역기를 사용했을망정 존댓말도 맞춤법도 엉망이다. 오로지 한글을 애용하는 것이 고맙다.

속도가 경쟁력인 21세기 세계는 소리 나는 대로 표기가 가능하고 체계적이고 과학적인 한글에 주목하고 있다. 한글을 기반으로 AI 기술 번역 시스템이 다양한 문화 콘텐츠로 응용될 것이라고 한다. 나는 K팝과 K-컬처로 K푸드까지 세계인이 열광하는 위대한 한글로 글짓기를 한다. 첫사랑은 이루어질 수 없는 미완성으로 남겨놓고.

2부
참새와 제비

갑부 할머니

강남의 원주민들은 지금 어떤 삶을 살고 있을까. 재산은 많아졌을까, 삶의 질은 나아졌을까.

내가 아는 한 사람, 채소 장사 할머니는 강남 원주민이었다. 논밭을 물려받은 농사꾼의 아내로 살다가 도시 개발의 바람이 불면서 그녀의 땅 위에는 아파트가 심어지고, 그 위로 '부자'라는 열매가 열렸다.

1960년대, 정부는 서울의 인구를 분산시키고 유사시 피난처로 삼기 위해 강남 개발을 서둘렀다. 그전까지 할머니 부부는 농부였다. 땀과 흙으로 일군 삶이 도시의 중심부로 옮겨오면서 할머니는 영동시장 근처에서 새로운 삶을 시작했다. 1973년 개설된 영동시장은 당시로서는 거대한 건물이었다. 그러나 세월이 흘러 골목시장에 상권을 내주고 지금은 주상복합건물로 바뀌었다.

나는 성수대교 붕괴와 삼풍백화점 참사로 강남의 환상이 흔들리던 1990년대 중반 그 일대에 이사했다. 그 무렵의 영동시장 주변은 아직 정겨운 단독주택이 많았다. 담장 너머로 계절마다 꽃이 피고 열매가 고개를 내밀던 시절이었다.

그곳에서 할머니를 처음 만났다. 할머니는 남편이 자투리땅에 심은 채소로 장사를 시작한 것이 계기가 되어, 길모퉁이에 작은 노점이 생겼고, 그 노점들이 모여 골목 시장이 되었다. 할머니의 손끝에서 태어난 싱싱한 채소와 과일은 새로 입주한 아파트 주부들의 마음을 사로잡았다. 재산이 불어나도 할머니는 여전히 수수했다. 반질반질한 아파트보다 비닐 천막 아래가 더 편안한 듯 늘 손에 흙냄새를 묻히며 장사에 매달렸다.

나는 그 시장 안에서 작은 가게를 운영했다. 저녁마다 할머니는 내가 문 닫기를 기다렸다가 남은 물건과 도구들을 내 가게 앞에 차곡차곡 쌓아두었는데 다음 날 아침이면 깨끗이 치워져 있었다. 그 배려는 한 번도 어긋난 적이 없었다.

한겨울이면 할머니는 머리에 보자기를 뒤집어쓰고 두꺼운 옷을 겹쳐 입은 채 뒤뚱거리며 걸었다. 양말을 껴 신으려고 큰 털신을 신고, 여름엔 땡볕 아래 파라솔 하나에 의지했다. 목이 마를 때면 수돗물을 바가지로 퍼서 벌컥벌컥 마셨다. 비가 쏟아지고 눈보라가 몰아쳐도, 할머니는 자리를 지켰다. "더워서, 추워서 쉰다는 정신으로는 노점 장사 못 해." 그 말은 인생을 두드려 만든 철학 같았다.

세월이 흘러 영동시장은 '전통시장'이라는 이름으로 새 단장을 했다. 천막은 걷히고, 골목은 깨끗해졌지만 노점은 사라졌다. 깔끔해진 대신 덤과 같은 넉넉한 인심이 사라졌다. 신선한 채소의 향기를 대신해 식당 실외기의 열기와 담배 연기, 고기 타는 냄새가 골목을 채웠다. 나도 변화된 환경에 적응하지 못하고 가게를 접었다.

어느 장마철, 텔레비전 뉴스에서 불어난 한강 물을 보았다. 플라스틱과 스티로폼, 비닐 조각들이 둥둥 떠내려가 북태평양 쓰레기 섬으로 향하고 있었다. 그중엔 내 손을 거쳐 간 것들도 있을 것이다. 나는 그 순간, 무심코 지구에 빚을 지며 살아온 내 삶이 부끄러워졌다.

할머니는 비닐 한 장, 옷 한 벌도 함부로 사고 버리지 않았다. 실외기 열기 하나 내뿜지 않은 채, 자연의 질서 속에서 살았다. 세상에 남긴 빚이 없으니, 그것이 진짜 부자 아닐까.

할머니는 돈으로 자유를 사지 않았다. 대신 노동으로 존엄을 세웠다. 부자로 불렸지만, 그 부는 땅에서 난 것이 아니라 그의 손에서 피어난 것이었다.

나는 할머니 재산만큼 귀한 젊음을 일하는 데 바쳤다. 퇴직연금처럼 주어진 시간과 여유를 어디에 무엇을 위해 사용할까. 할머니는 누구와 어떻게 즐기고 계시나 궁금해서 찾아갔더니 병환 중이셨다. 돈 앞에서는 검소하게 자제할 줄 알았는데 갑자기 늘어난 자유로운 시간을 주체하지 못하고 외로움과 고독에 빠져 허우적거리다 지친 것은 아니었을까.

나는 가끔 생각한다. 환경을 해치지 않고도, 남의 자리를 침범하지 않고도 풍요롭게 살 수 있었던 그 할머니의 삶을.

그분이 떠난 자리에 달콤한 과일과 채소 향기는 사라졌지만 내 마음 한편에서는 무공해라고 덥석 집어주던 인심이 햇살처럼 반짝인다.

수월해진 길

베트남 여행을 계획할 때 남편은 내가 평온한 일상에 파란을 일으킨다고 불평이다. 여권을 재신청해야 할 사진 을 찍어야 하고 가방도 사야 하고 신발도 마땅치 않고 준비할 것이 한두 가지 아니니까 제발 혼자 가란다. 걱정하지 마세요, 여권은 기간이 남아있고 신발은 신던 것이 편하고 가방은 하나만 있으면 된다. 사정하고 설득하지만 사실 제일 큰 걱정은 따로 있다. 우리는 여행하려고 집을 나서는 순간부터 다툰다. 서둘러라, 기다려 줘, 쉬어가자, 쉬면 길이 막힐 것이다. 둘 중 누구랄 것 없이 불쑥불쑥 화를 낸다. 불현듯 생각난 사람.

언니 모녀다. 같이 가자 졸랐다. 언니는 허락했고 우리는 여행을 출발하는 데 성공했다. 우리는 여행 중 화가 날 때마다 언니 눈치를 살핀다.

바나힐은 프랑스 식민지 시대에 설립한 휴양지였다. 베트남 날씨는 40도를 오르내리는데 바나힐은 긴팔 옷이 필요할 정도다. 비도 안개도 없어 여행하기에 최적이다. 가이드는 베트남 사람들이 해발 1,487km 높이 바나힐에 전망대인지 휴양지인지 건설하면서 물건과 목재를 사람이 직접 들어 나르거나 당나귀가 마차로 옮겼다고 한다.

　바나힐 정상에 서면 사방이 한눈에 내려다보이고 바다가 해자처럼 둘러싸고 있다. 권력과 부는 높은 곳이다. 그 절정의 순간을 향해 조금씩 조금씩 오르는 데 그 노력이 타인의 욕망을 채우는 데 이용된다면 허탈할 것이다. 세월은 분노와 절망조차 마모시켰다. 바나힐 산꼭대기에 테마파크와 골든 브리지가 있어 세계적 관광지로 베트남 경제에 크게 이바지하고 있다.

　패키지여행 참 맛은 낯선 사람과 함께 함이다. 이번에 같이 할 사람은 네 자매다. 별일 아닌 것도 깔깔대고 옷을 똑같이 사 입고 사춘기 소녀처럼 나풀댄다. 바나힐행 케이블카에 넷이 붙들고 무섭다고 호들갑을 떤다. 믿지 않다. 높아질수록 아래가 내려다보인다. 시선과 관심을 위로 향하면 호쾌할 텐데 굳이 아래를 내려다보면서 추락하는 상상으로 가슴을 졸인다. 도전과 모험 없이 업데이트되지 않을 텐데. 불안해하는 우리를 보고 가이드가 관심을 돌린다. 안전한 케이블카를 어느 나라가 설치했을까요? 묻자 1초도 망설임 없이 대한민국요 내 대답에 가이드는 유럽이라고 한다. 유럽 어느 나라냐고 물으니 못 들을 척한다. 궁금하지만 넘어가자. 모르면서 아는 척하는 나보다 두루뭉술 넘어가는 가이드가 현명할지 모른다. 그러는 사이 정상에 도착했다.

　이번 여행의 클라이맥스다. 바나힐 정상에 서니 사방이 넓고 높고 깊다. 날씨조차 청명해서 눈이 시리고 시야는 거칠 것이 없다. 숨 쉬듯 "우와~" 소리가 절로 난다. 프랑스 식민지 시대에 전망대 겸 휴양지를 건설하면서 베트남 국민은 강제 노동에 시달렸을 것이다. 노동의 대가는 정당하게 받았을까. 혼잣말을 곁에 남편이 되받는다. 무슨 소리야 강제 노동이라니까. 왜 화를 내. 내 불퉁거리는 소리에 언니가 눈을 부라린다. 둘 다 입을 다물었다.

여행은 나를 돌아보는 시간이다. 호이안에 수백 년 된 집들과 각종 박물관을 '세 클론'을 타고 둘러보는 코스다. 내가 세 클론을 타자 나이 많은 기사가 가늘고 길게 신음을 내서 속도를 낸다. 힘에 부친 모양이다. 현직에 있는 내 모습이 다른 사람 눈에도 같을 것이다.

패키지여행 장점은 단기간에 여러 군데를 구경할 수 있다. 어느 호수 작은 바구니 속에서 금방 잡은 물고기처럼 춤추는 사람이 있다. 나도 빠른 음악에 날뛰었다. 호흡 조절이 서툴러 금방 지치고 말았다. 땡볕에 탄 춤꾼 얼굴에 연륜이 엿보인다. 하루종일 춤에 취한 삶은 어떨까. 좋아하는 일을 하고 사는 사람은 행복할까.

호이안 공방 방문 차례다. 인간문화재인 도자기 전수자가 93세에 코로나19로 죽고 증손녀가 대를 이었다. 평생 즐겁게 살 수 있는 자산을 갖고 태어난 금수저다. 그녀는 진흙 한 덩어리를 뚝 떼어 물레를 신나게 돌린다. 손을 통해 그녀가 바라는 모든 것이 만들어진다. 환희에 찬 도공 모습을 넋을 놓고 바라보는데 남편이 등을 치고 앞서간다. 일행을 놓칠 뻔했다.

해외여행 3대 행운인 날씨가 받쳐주고 건강이 허락해 주었다. 아쉬운 것은 가이드다. 동서양 문화를 완벽하게 집대성했다는 후에 세계문화유산 '카이 딘 황제릉' 대신 공연과 쇼핑을 강요한다. 일정대로 하라고 항의하고 싶은데 언니 눈치가 보였다. 공연이 끝나고 남편은 손바닥이 닿도록 박수를 보냈다. 언니는 출연진과 찍은 사진을 자꾸 본다.

　이번 베트남 여행 중 인상 깊은 곳은 마블 마운틴이다. 바닥도 천장도 벽도 대리석으로 된 자연 동굴은 어둡고 습했다. 고개가 아프도록 올려야 보이는 천장에 펜타곤처럼 둥근 구멍이 있다. 베트남 전쟁 때 베트콩을 공격하려고 폭파한 흔적이다. 그 구멍으로 빛이 들어 대리석 벽면에 총알 자국도 비춘다. 베트콩은 이런 정글과 동굴을 이용해 게릴라전으로 승리했고 베트남으로 통일되었다.

　베트남은 통일됐고 우리 부부도 여행 중에는 한 번도 부딪치지 않았다. 다음 해외여행은 수월할 것 같다.

참새와 제비

　세입자에게 카톡을 보냈다. 제발 임대료 좀 보내달라고. 바로 답이 뜬다. 죄송합니다, 며칠만 기다려주세요. 며칠이 몇 달이 되니 문제다. 이런 대화가 월례 행사다. 재촉은 하지만 그가 안쓰럽다. 요즘 경기가 안 좋아 힘드나 싶어서. 기다리다 보면 몇 개월이 지나버린다.

　어느 임대업자가 걱정해준다. 임대료가 밀리면 세입자가 나중에 힘들어진다. 매정할 정도로 독촉해서 받아야 그 사람도 부담이 없을 것이라고. 나 역시 가게 임대료를 내는 형편이라 모르는 것이 아니다.

　세입자가 아들 또래다. 그래서인지 자꾸 아이들과 연관 지어 생각하게 된다. 아이들이 초등학생이 될 때까지 단칸방에서 지냈다. 하루바삐 방을 마련해 주려고 계를 들어 탈 차례가 되었다. 형이 없던 남편은 사촌 형을 많이 따랐다. 친척 중에 가장 재력이 있고 학력도 높았고 교양도 있어 신뢰가 갔다. 남편이 그 형에게 목돈이 생겼다고 자랑한 것이다. 곗돈을 타러 간 사람이 밤이 늦도록 오지 않았다. 자정이 되어서 거나하게 술에 취해 들어왔다. 형님 만났는데 아이들이 어릴 때 돈을 모아야 한대. 형님에게 맡기면 이자도 많이 주고 언제든 쓴다고 하면 안전하게 돌려주겠다고 해서 맡기고 왔어.

그 당시 방 2개 정도 전셋값이었다. 허무했다. 누구를 원망할 수도 없었다. 이자를 많이 주겠다는 말에 현혹되었던 것 같다. 당장 아이들 방이 아쉬웠다. 세 들어 살던 가게 집주인에게 돈이 모일 때까지만 처마 밑에 방을 만들어 살도록 허락해달라고 사정했다.

옆집과 우리 가게 사이 공간이 넓었다. 두 집 허락을 받아 처마 끝 모퉁이 방을 만들었다. 될 수 있는 대로 창문을 크게 내서 햇빛이 많이 들게 하고 기름보일러로 구들을 따뜻하게 했으며 화려한 커튼도 치고 동화 같은 벽지로 도배를 했다. 다행히 아이들이 마음에 들었는지 친구도 데려오고 과외 선생을 모시고 과외도 받았다.

나도 어릴 적 한 지붕 아래 세 가족이 살았다. 참새는 처마 끝 이엉 깊숙이 둥지를 틀어 새끼를 치고 제비도 처마 끝 서까래 사이에 둥지를 틀었다. 참새는 힘들이지 않고 처마 끝 짚을 비집고 들어가 새끼를 치고 길렀다. 반면 제비는 흙과 검불을 적당히 섞어 콩알 만큼씩 물어 와 반달 모양으로 쌓아가며 공들여 집을 지었다. 새집이 완성되면 알을 낳고 새끼도 부화한다. 제비 새끼가 집에서 노란 부리만 내밀고 지지배배 먹이를 찾으면 어미 제비는 해충을 잡아다 먹인다.

같은 집에 사는 참새는 마당에 널어놓은 곡식을 떼로 날아와 쪼아먹고 들녘 곡식이 여물기도 전 뭉텅이로 날아들어 일 년 농사를 망쳐버렸다. 씨앗을 뿌린 곳을 찾아다니며 시작부터 피해를 주는 날짐승이다.

시리고 고통스럽던 날들이 가고 제비가 박 씨를 던져주듯 별 탈 없이 어려운 시기가 지나갔다. 아이들이 처마 끝 방을 어떻게 기억하고 있는지 모르겠지만 그 또한 추억이라 생각한다.

어렵게 모은 돈을 꿀꺽 삼킨 친척도 소화는 쉽지 않았을 것이다. 그도 가져갈 때는 사업이 잘되면 곧 돌려주려고 했는데 뜻대로 되지 않았으리라 생각하려고 한다.

초가지붕이 없어졌다. 도회지에서 제비집을 보기 쉽지 않다. 제비는 못 만나더라도 가끔 거리에서나 공원에서 참새가 지저귀면 반갑다. 무엇을 먹고 어디서 어떻게 사느냐고 묻고 싶다. 친척도 미움과 서운함이 희석되어 친인척 모임에서 만나면 반갑고 늘 편안히 건강하기를 기원한다.

세입자에게 모바일 청첩장이 왔다. 축의금을 보내면서 늘 건강하고 멋있고 즐겁게 살라 했더니 "고맙습니다. 임대료는 결혼식 마치고 바로 보내겠습니다." 한다. 아이고, 좋은 날 임대료를 걱정하다니. 그 또한 안쓰러웠다.

그 후 많은 날이 지났는데도 통장에 입금 소식이 없다.

소설 쓰네

한 여인이 어렵게 어렵게 얻은 아들을 홍수가 삼켜버렸다. 잠깐 나라에 맡겨두었더니 물가로 내쫓아 순식간에 불귀객이 되었다.

남자들 군대 생활은 인생의 계급장이다. 여자는 산고가 경력이다. 난산일수록 별점이 높고 횟수가 많을수록 가산점이 많다.

아무리 용감했노라 하는 영웅도 여자의 산고 없이 존재할 수 없다. 그 진통을 위대하다고 거룩하다고 어느 누가 인증서를 주지 않는다. 스스로 기억하려 애쓸 뿐이다.

죽을 정도의 고통이 몸과 마음 깊이 새겨져 틈만 나면 소설을 쓰듯 뱉어낸다. 성취감인지 흐뭇함인지 쏟아내지만 다른 사람에게는 관심도 없고 듣고 보면 독특하지 않고 별일도 아닌 여자라면 모두 겪은 일반적인 일이다.

헤밍웨이는 "누구의 삶이든 진실 되게 말하기만 한다면 한 편의 소설이 될 수 있다"라고 했다.

솔직히 말하면 소설이 된단다. 나의 소설 첫 장은 제왕절개다. 예정일을 며칠 앞두고 동네 산부인과 주치의가 갑자기 대학병원 응급실로 가란다. 며칠 전부터 발이 퉁퉁 붓고 쥐가 자주 나고 혈압이 올라갔다. 임신중독이다. 종합병원 의사는 이 지경이 되도록 방치한 것은 동네 주치의 탓이 아니다. 남편은 뭐했냐 호되게 야단친다.

산전관리를 엉망으로 한 대가는 제왕절개다. 지혜롭지 못한 의사 선택과 건강 상태를 꼼꼼히 챙기지 못한 대가는 순산 꿈을 망쳤다. 자연분만 못한 아쉬움에 자존심 상하고 자책감도 든다. 이런 사람이 육아는 할 수 있을까. 불안과 걱정으로 고민하다 밤을 꼬빡 새웠다. 밤마다 울다 산후 우울증 진단을 받았다. 임신중독, 제왕절개, 산후 우울증 경력이 화려했다. 그래서 소설 감이다.

두 번째 장은 둘째를 가졌다.

임신중독과 요란한 출산 트라우마는 오래갔다. 암울한 나날이었다. 이웃과 친구들이 둘째 셋째를 데리고 다녀도 별 관심이 없었다. 그러던 어느 날 깜짝 놀랐다. 아이가 입에 손가락을 물고 요리 기웃 저리 흘낏 주변을 맴돌았다. 모두 형제자매끼리 뭉치고 의논하고 돕는데 아이가 끼어들 틈이 없다. 너는 왜 혼자인가. 누구 탓인가. 우울증 증세는 이기적인가. 아이보다 내가 중요했던가.

산고가 두려워서. 분만하다가 죽을까 봐. 오로지 내 안에 머물다 정신을 차려 보니 우울증도 어느 정도 치유되었고 제왕절개 상처도 아물었다. 늦게라도 기회를 놓치지 않은 것은 나에게 내린 다행 상이었다. 두 번째 별을 달았다.

세 번째 장은 노산이다.

시대상을 잘 포착했다. 둘만 낳은 시대 잠깐 셋째를 가질 유행 기간이 있었다. 그 무렵 셋째 아이 가지려고 노력하는 사람들이 있었다. 나도 그냥 그들 따라서 했다. 노산이라고 걱정해주는 사람이 많았다. 주치의도 무리하지 말라 했다. 두 번의 경력이 주변 사람들 걱정과 우려를 잠재웠다. 고민하지 않았다. 심지어 주의 사항을 무시하고 일을 무리해서 예정일도 안 돼 양수가 터져버렸다. 또 응급실로 실려갔다. 세 번째로 내 배에 칼자국 훈장이 새겨졌다. 셋째 별은 새벽 별처럼 늦게 떴다.

시대를 잘 만나 죽지 않고 살아남았다. 좋은 노래도 자꾸 들으면 지겹다. 멀쩡히 살아났으니 그만해도 될 텐데 자꾸 난산 타령이다. 그런데 요즘 책을 몇 권 쓰고도 남을 충격적인 사건이 벌어지고 있다. 내 일이 아니고 그야말로 소설 감이다.

별들이 전쟁하고 있다. 어느 날 무장한 군인들이 한밤중 느닷없이 국회의사당 담을 넘어갔다. 깜짝 놀란 금배지들이 무슨 일이냐고 묻는다. 어깨에 별들을 단 자들이 소설을 쓴다. 그들의 소설이 진실인가 거짓인가 국민이 평론하라고 한다.

소설감 중에 어느 여인의 솔로몬 지혜가 필요하다는 재판이 벌어지고 있다. 왜 여인의 아들을 홍수로 불어난 물에 구명조끼도 없이 내몰았어. 난 아니야. 너 같은데. 아니라니까. 별들이 힘이 모자라서 응원자들도 나선다. 전쟁은 길어지고 있다. 곧 어느 별은 떨어지고 어떤 이는 별을 딸 것인지 세상 어머니들은 눈을 똑바로 뜨고 지켜볼 것이다.

군인들이 나라를 지키듯 어머니들은 종족 본능으로 후손을 낳아 세상을 지킨다. 채 상병 어머니도 소설을 쓰고도 남을 정도로 하고 싶은 말이 많을 것이다. 한 여인의 원한을 풀려면 억울하게 희생된 원인과 책임자가 밝혀져야 한다. 아이를 낳아본 어머니라면 채 상병 사건을 지켜보고 있을 것이다.

기발한 생각

　어느 해 제부도에서 고향 친구 모임이 있었다. 어릴 적부터 날만 새면 모여서 놀다가 싸우고 삐지고 어른들께 꾸중 듣던 친구들이다. 친구들 부모는 시집가더라도 계속 만나라고 작은 종잣돈을 만들어줬다. 결혼 후부터 부부 모임이 됐고 견우직녀처럼 일 년에 딱 한 번 만나는데 출석률은 100%다.

　숙소에 짐을 풀고 모두 해송밭에 앉아 철없던 추억과 고향에 대한 그리움의 앨범을 펼쳤다. 동네 어르신 안부부터 누가 결혼하고, 아이는 몇을 낳고, 어느 직장에서 언제 진급하고, 누가 병이 들었고, 그리고 세상을 떠났다는 일 년 동안 쌓인 이야기가 끝이 없다.

　혈연과 지연으로 단단히 맺어진 여자들 이야기가 끝이 없는 사이 성도 고향도 나이도 다른 남자들은 공통 화제를 못 찾고 서먹하고 지루한 시간이었음을 사고가 나고야 알았다. 처음에는 남자들도 인내심을 가지고 점잖게 들어주었다. 재미없고 관심 없는 수다에 몸을 뒤틀고, 다리를 바꿔 세우고, 기지개를 켜고, 끝내는 하품을 하며 자리를 잡고 누웠다.

그때 눈치챘어야 했다. 누군가 자리를 박차고 일어서 앞장섰다. 남자들이 우르르 뒤따른다. 그들이 노래방으로 떠나자 더욱 자유로워진 여자들은 해가 질 때까지 수다를 떨었다.

숙소로 돌아와 보니 저녁 밥상이 차려있고 남자들이 기다리고 있었다. 술잔이 몇 순배 돌아도 한 남자가 보이지 않았다. 언제나 있는 듯 없는 듯 존재감 없던 사람 남편만 없다. 같이 노래방에 갔던 그들 역시 한 사람이 없어진 줄도 모르고 있었다. 빈자리가 길어지고 한 사람의 부재는 블랙홀이다. 밥맛도 술맛도 모두 안고 가버렸다. 보물찾기하듯 주변을 헤매다 문득 짐작되는 곳이 생각났다. 불안이 원망으로 바뀐다. 우선 주변을 안심시켰다.

아웃사이드는 스스로 만든 것 같다. 인기 있는 사람은 입담 좋다. 적재적소에 맞게 맥락 있는 이야기를 한다. 유쾌한 유머로 분위를 살린다. 덕담으로 남의 관심도 끌어낸다. 상대방을 재치 있게 웃길 줄도 알고 눈치 빠르게 맞장구를 치면서 박장대소를 한다.

긍정적이고 유연한 사고를 타고난 사람은 큰 유산을 물려받았다. 재력이 든든한 사람보다 느긋하다. 지위 높고 권력 있는 사람 앞에서도 목소리가 기어들지 않는다. 그도 저도 없는 사람은 항상 지루하고 시시하다.

입담이 좋지 않은 우리 부부는 내 세울 것이 없다. 이때 남편의 기발한 생각으로 주변 사람들 이목을 집중시킨다.

분위가 마음에 안 들거나 외로워졌는지 살짝 자취를 감춰버린다. 친구들이 내 눈치를 보며 묻는다. 짐작 가는 데 없냐. 있어도 말 못 해. 가끔 그러냐. 목적이 있을 때. 목적이 뭐야. 소외감을 느꼈을 때. 무슨 소리야, 누가 뭐라 했는데. 내가. 왜? 너희들이 남편 칭찬과 자랑에 침이 마를 때 나는 남편 흉을 본다네. 맞아 네가 좀 그런 점이 있지.

　귀가 중 방향이 같은 친구 내외와 저녁을 먹었다. 부끄럽다고 속상하다고 하소연했다. 내가 바라는 것은 해박한 지식과 예리한 판단이 아니다. 남의 말을 잘 들어주는 사람이다. 너는 그렇게 하냐? 그것이 얼마나 어려운 것인데. 너도 우리도 못해. 적당히 해. 친구가 충고한다.

　친구와 헤어져 집에 도착하니 기다렸다는 듯 큰소리로 "앞으로는 여자들끼리만 모이는 것이 좋겠어." "다른 사람들은 불만 없던데. 간다는 말이나 하고 가야지." "관심이나 있었어." '화나면 집으로 와버리는 습관 좀 고쳐'라고 하려다 딴청만 부렸다. 이미 친구들에게 불만을 쏟아내 버려서 마음에 남아있는 미움이 없었다. 집 나간 자식이 돌아와 준 것 같다.

그 후

 동네 친구와 샤갈을 만났다. 샤갈『샤갈 러브 앤 라이브전』이 예술의 전당 한가람미술관에서 전시되었다. 회화와 흑백 동판화와 스테인드글라스로 나누어 전시되었다. 전반부는 '생일' '도시 위에서' '에펠탑 신랑신부' 등 색채의 마법이 펼쳐지지만 내 관심은 샤갈의 260여 점의 삽화와 사진을 통해 내면세계를 시각적으로 표현해 놓은 글들이다.

 샤갈은 '예술은 사랑을 표현하기 위한 것'이라 한다. 아내 벨라는 모델이면서 글을 쓴다. 샤갈은 그림을 그린다. 샤갈 '화가의 날개를 가진 시인' 앞에서 오래 머물렀다. 언어는 아름다웠고 고향과 아내에 대한 사랑과 관심은 따뜻하고 포근하게 표현했다. 부부는 서로에게 문학이고 그림이고 꿈이었다.

 주말에는 외출을 꺼리는 친구가 일요일에 예술의 전당 한가람미술관으로 초대했다. 일하는 그녀가 휴일조차 양보한 이유는 내 수필집을 받고 그에 대한 보답이라고 한다. 오랫동안 공들여서 수필집을 출간했는데 말로만 축하하기가 미안해 특별히 준비했다고 한다. 평소 친구는 마음에 없는 말은 못 하는 사람이다.

그림은 문외한이지만 그녀가 도와주고 오디오 가이드가 있어 샤갈을 감상하는데 어렵지 않았다. 그녀와 앞서거니 뒤서거니 글과 그림들을 감상한 시간이 길었다. 전시관을 나와 느낌을 주고받으면서 걷다 보니 어느새 강남역 교보문고 근처다. 그녀는 교보문고로 들어가서 내 수필집『쉰 살이니까』존재를 확인하자고 내 등을 떠밀었다.

화가는 날개에 시인을 달았고 나는 내 수필집에 날개를 달았다. 곱게 키운 자식을 세상으로 날려 보낸 친정엄마 같은 심정을 그녀가 눈치챘다. 서점 어느 위치에 진열되어 있을까. 두리번거리지만 쉽게 찾을 수가 없었다. 컴퓨터로 검색하자 D 가판대에 배치되었다. 재고는 한 권뿐이다. 주문해 둘 것이라고 했다. 반갑고 가슴 뭉클했다. 누가 내 책을 사 갔을까. 궁금한 순간 단체 카톡에 올라온 구매 영수증이 떠오른다. 학교를 졸업한 후 한 번도 만난 적이 없는 친구다.

밀란 쿤데라는 '자신 생각을 널리 펴는 자는, 사실 타인에게 자신의 진실성을 납득시키고 싶은 자'라고 했다. 오랫동안 나의 존재감이 없었다. 학교를 졸업한 후 내 생각을 드러낸 적도 없었고 만날 기회가 없었다. 독후감을 보낸 사람 대부분이 오랜만에 내 삶의 궤적을 봤다고 한다. 그도 그럴 것이 어린 시절부터 미래의 꿈까지 고스란히 책에 담겼다. 부족함은 물론 때로는 슬펐던 일, 아쉽고 가슴 조이던 순간, 충만함도, 뿌듯한 일도, 환희까지도 모두 드러내 신상을 털어내는 기분이다.

밀란 쿤데라는 '자신 생각을 고안하고 발전시키는 것은 오직 그것이 자신을 즐겁게 해주기 때문이다.'라고 했다. 숙성되지 못한 글이지만 쓰고 출간하는 것이 즐거웠다. 내 품을 떠난 자식이 호평이 아닌 혹평과 공격을 받더라도 일희일비하지 않겠다. 수필 한 편을 완성한 후 성취감은 내 몫이다. 자식은 존재만으로도 자부심이요 자존감이다.

샤갈 삽화에서 읽었다. 질그릇과 무쇠솥은 절친한 친구다. 둘은 상대를 좀 더 알고 싶어 여행을 떠난다. 가까이하는 시간이 길어지고 새로운 상황에 대처하면서 본성이 드러난다. 질그릇은 무쇠솥과 너무 가까이하면 위험하다는 것을 깨닫는다. 작가와 독자는 질그릇과 무쇠솥일까. 일정한 거리를 유지할 수 있을까?

문학인들끼리도 서로 격려하고 위로하며 외롭고 고독한 길을 간다. 첫 수필집을 출간한 후 산후 우울증이라도 앓듯 공허하다. 고백하건대 그동안 서로 믿고 의지하면서 같은 길을 걸었다고 생각했다. 그들의 격려가 그리워질 때 봄바람은 다른 방향에서 분다. 친구에 잔잔하면서 부드럽고 따스한 독후감이다. 기대하지 않던 사람들의 응원이라서 더욱 힘이 난다.

샤갈은 아내 벨라를 예술로 이끈 뮤즈라고 한다. 수필집은 또 다른 나의 뮤즈가 될 것이다. 아이들을 출산할 때 느꼈던 환희와 충만함을 수필집을 통해서 경험한다.

처음 만난 남자

동네 사람들이 그를 넝마주이라 수군거린다. 그도 그럴 것이 남자는 어둠이 시작되면 거리를 헤맨다. 마스크로 얼굴을 가리고 고양이 눈을 하며 주변을 두리번거린다. 폐지를 주워 생활하는 사람들이 "건물 임대료와 교원 연금은 어디 쓰려고 저 궁색을 떠는지." "평생 인품을 갈고닦았으면 욕심도 버려야지. 남의 쓰레기 더미나 뒤지는 것은 탐욕 아닌가." 마을 사람들이 혀를 찼다.

1980년대 처음으로 상경해서 만난 사람이 넝마주이다. 전화번호와 주소만 들고 언니 집을 찾아가다가 한 정거장을 더 가서 내렸다. 놀라서 공중전화로 언니 집에 전화하니까 언니는 이미 내 마중을 나갔고 형부가 어디로 어떻게 찾아와 보란다.

거리마다 가로등이 켜지고 저마다 귀가하는 사람들 발길이 바쁘다. 주위를 둘러보니 허술한 차림으로 한쪽 어깨에 커다란 바구니를 둘러메고 손에는 긴 집게를 들고 주위를 두리번거리는 사람은 넝마주이다. 내가 그들을 쳐다본 것과 동시에 그들도 나를 흘깃흘깃 쳐다보다 눈이 마주

쳤다. 주머니 속 주소를 만지작거리며 그들에게 거리를 좁히고 있을 때 나와 넝마주이를 조심스럽게 살피고 있는 또 다른 남자가 있었다. 정장 차림에 서류 가방을 든 중년 신사다. 겉만 반지르르한 것을 의심 안 하는 것은 아니지만 신언서판을 먼저 생각했다. 수줍게 주소를 내밀자 따라오란다. 의심할 생각도 시간도 없이 무조건 그를 따랐다.

말쑥하게 차려입은 신사를 졸졸 따라가다 뒤를 돌아보니 넝마주이가 집게로 바구니를 툭툭 치며 이 바보야 아무나 따라가면 안 돼, 하는 것 같지만 이미 방향은 정해졌다. 내가 신사를 따라가는지 신사가 내게 보폭을 맞추는지 작은 목소리가 들릴 정도로 거리를 맞춰 걸었다.

남자가 가다 서다하며 나를 시야에서 벗어나지 못하게 한다. 잔뜩 겁먹은 나를 눈치챘다. 남자는 서울은 처음이냐, 어디에서 오는 길이냐, 누구를 찾아오냐, 취직하러 오냐 묻고 대답할 시간은 안 준다.

남자의 질문이 성가셔질 무렵 멀리서 언니가 손짓한다. 언니는 "아이고, 퇴근하십니까." 남자와 반갑게 인사를 나눈다. 남자는 동네 토박이로 언니와 이웃이었다.

결혼한 후 언니 집 주변으로 이사해서 그 남자와 자주 만나게 되었다. 같은 성당 교우였고, 잠깐이지만 한문 공부를 같이했다. 자작 시집도 주면서 인간은 끊임없이 갈고 닦아야 한다. 치열한 삶의 현장이지만 학문과 수신에 게으르면 안 된다고 교육자답게 훈육도 잊지 않았다.

수석을 수집하는 그 남자가 쓰레기를 뒤져 찾아내려는 것은 무엇일까. 자연에 묻혀있던 돌멩이가 안목 있는 사람에게 발견된 순간 귀한 수석이 된다. 사람들의 무관심 속에 방치된 가치를 찾아내려는 것일까. 주변을 두리번거리며 다니는데 그의 손에는 폐지도 헌 옷도 없었다. 서예가이면서 시를 짓는 남자는 동네를 산책하며 누군가가 배출하는 희로애락의 상황을 시로 재생시킨다.

넝마주이가 많은 강남 신도시는 신흥 부자들이 많았다. 강남 말죽거리 땅값이 1년 만에 200배가 뛰어 부동산 투기의 원조가 되던 시절이다. 1960년대 강북지역으로 밀려드는 인구가 10년 만에 600만 명이 되면서 정부는 주택난과 교통난을 해소하기 위하여 강남을 개발한다. 아파트를 분양받으면서 부자가 되자 그들의 생활 수준에 따라 가재도구와 가전제품 등을 교체하면 그 물건을 수거해 수출하고 자활할 수 있는 고물상이 많아졌다. 넝마주이도 이들 중 하나이고 그들과 신흥 부자는 악어와 악어새 관계다. 2005년 전까지만 해도 그들이 개포동 영동 5교 밑에 넝마 공동체를 만들어 서로 도와주고 의지했었다. 김우영 사진작가는 대한민국에서 마지막 남은 넝마주이 집단 거주지를 사진 『이웃: 포이동 이야기』을 남겼다. 재능기부를 했던 『김우영 11번째 개인전』을 열 수 있었던 것은 모두 넝마주이로부터 얻은 선물이었다.

서정주는 한때 넝마주이를 경험하고 「넝마주이가 되어」라는 시를 남겼다.

하루 종일 주운 걸 팔아도/ 이십 전밖에 안 되는 날은/ 아침은 오 전짜리 시래기국밥/ 점심은 오 전짜리 호떡 한 개/ 저녁만 제일 비싼 십 전짜리 밥을 사 먹었네/ 정동의 영국 공관 뒤 풀밭에서 쉬노라니/ 분홍빛 장미 같은 앵키 소녀가 지나가며/ 유심히 보고는 얕잡아 외면하는 눈초리/ 그것에는 부끄럼도 화끈히 솟으며…

 시인은 일본인 쓰레기통에서 '유담뽀'라는 온수기를 주워서 평소 존경하던 김동리 큰형인 범부 선생에게 선물했다고 한다. 서정주 시인이나 김우영 사진작가처럼 명작이라도 꿈꾸는가. 나는 오늘도 긴 집게 같은 촉수를 세우고 강남 빌딩 숲을 서성인다.

3부

구름에 가린 태양

이카로스 날개

좋은 꿈 꾸었어? 50여 년 만의 낙향을 반가워하는 고향 사람이나 잘 생각해보라 말리던 서울 사람들 격려와 응원이다.

고향에 대한 그리움은 간절했다. 소박하고 아늑한 분위기, 고요하고 평온하게 기억된 전주다. 금의환향도 아닌데 고향은 포근하게 맞아준다. 이효석은 서울에서 생활하다 고향 강원도 평창에 귀향해서 고향 풍경과 정서를 "메밀꽃 필 무렵"에 담아 고향에 헌사했다. 전남 신안이 고향인 김환기 화백은 파리에서 귀국해서 조국과 고향에 대한 간절한 그리움을 점과 선으로 표현해서 '우주'가 탄생한다.

훌륭한 예술가처럼 고향을 빛내고 살찌우지 못하더라도 미안하거나 민망하지 않다. 고향은 그냥 받아주었다. 있는 그대로.

몇 년 전 한동네 살던 친구가 이사했다. 작고 오래된 건물이 아파트로 업그레이드 되어 떠났다. 강남에 낡고 초라한 가옥들이 하루가 다르게 '억, 억' 몸값이 올라가던 시절이었다. 친구 떠난 자리에 그리움이 짙어간다.

그녀가 떠나자 속이 부글거렸다. 삶의 진지함보다 가볍고 유쾌한 이야기를 주거니 받거니 하다 보면 소설책을 읽듯 시간이 훌쩍 갔다. 떨어야 할 수다와 하소연이 쌓여 아파트를 찾아갔다.

　세상이 아파트 아래 있다. 울창한 산림으로 둘러싸인 차경을 조망하며 식사를 하고 문만 나서면 산책할 수 있는 산이다. 가볍게 산책한 후 라운지 카페에서 우아하게 커피를 마신다. 도서관이 있고 게스트하우스가 갖춰진 최신형 하드웨어에 품격 있는 소프트웨어가 부러웠다.

　친구의 재테크 능력이 아파트 높이만큼 돋보였다. 그녀는 먼저 터득한 정보는 물론 지혜로운 재산증식에 대한 경험과 체험을 콩나물시루에 물을 주듯 아낌없이 주었다. 우리는 날마다 만나 미주알고주알 화자가 청자가 되고 청자가 화자가 되어 속마음을 털어냈다. 그런데 그녀에게 말 못 할 사연이 생겼다.

　어느 가을날, 갑자기 한파 주의가 내렸다. 오후가 되자 기온이 뚝 떨어진다. 얇은 옷깃으로 파고드는 칼바람이 온몸을 찌른다. 67년 만에 가장 추운 10월이란다.

　호화로운 빌딩과 하늘을 찌를듯한 아파트를 지나 경비원도 없고 엘리베이터도 없는 내 집으로 들어섰다. 따스한 기온이 온몸을 감싼다. 따끈따끈한 방바닥에 누우니 스르르 잠이 든다. 꿈속 궁전은 벽과 계단과 모든 경계가 벽돌 대신 책이 쌓여 있다. 읽고 싶었고 꼭 읽어야 할 책들로 꽉 차 있다. 꿈속에서도 고층 아파트 층수만큼 많은 책을 읽고 쓰고 싶었다.

　몇 년 후 지방으로 내려와 친구와 더 멀리 떨어져야 했다. 영혼을 팔듯 숨김없이 속내를 드러낼 수 있는 친구 대신 도서관을 찾는다. 걸어서 10분 거리다. 1층부터 3층까지 책들이 빽빽하다. 세계 명작과 고전과 인기 작가 신간과 수많은 월간지와 계간지가 벽을 대신하고 있다. 각종 신문도 읽을 수 있다. 없는 책은 신청하면 며칠 내로 구해주기도 한다. 자리마다 독서삼매경에 빠진 사람들로 꽉 찼다. 나도 그 속에 끼어든다.

정말로 꿈속에서 바라던 희망이 현실로 이루어졌다. 취미도 없고 특기도 없고 잘 해보고 싶은 것도 없다. 가끔 누가 좋아하는 것이 뭐냐고 물으면 독서라고 했었다. 그 말이 무안할 정도로 책과 담을 쌓았고 핑계는 일이었다. 읽고 싶어도 책을 구매하기도 쉽지 않았고 도서관은 멀리 있어 언감생심이었다.

나는 친구에게 영혼이 가난해질 정도로 비밀을 털어놓았다. 딱 하나 비밀은 현실을 인식하지 못한 허무맹랑한 꿈이다. 친구 아파트 높이 만큼 책을 쌓아놓고 읽고 싶다고 고백하지 못했다. 이제는 말할 수 있다. 내 꿈은 이카로스 날개가 아니었다고. 도서관 책이 전부 내 것 같아졌다고.

구름에 가린 태양

코로나19가 한창일 때다 '한국도박문제 관리 센터'가 조사한 바에 따르면 도박중독에 빠진 10대 청소년들이 점점 많아진다고 한다. 컴퓨터와 스마트폰으로 온라인 수업이 늘어나면서 놀이와 게임 속에 빠질 위험이 커졌다. 실제로 고1이 한 번에 5만 원으로 시작해서 1,200만 원까지 잃은 사례를 소개한다. 코로나19처럼 한순간에 전체로 전염되는데 부모나 주변 사람은 그 눈치를 알아차리기 힘들다.

막내가 초등학생일 때 일이지만 잊히지 않는 이야기다. 어느 사설학원에서 설문조사를 한 후 충격받은 사례를 이야기하려고 학부모들을 불렀다. '어머니' 하며 생각나는 말을 적어보라고 했는데 어떤 아이는 공중목욕탕을 적었고 어느 아이는 잔소리꾼이라 했다. 선생님은 평소 정서가 불안한 아이를 관심 있게 지켜보던 중 깜짝 놀랐다. 어머니를 '죽여 버리고 싶다.'라고 썼다. 가까스로 아이와 상담 중에 아이가 입을 열었다. 날마다 도박하는 엄마를 아버지가 말리면 화를 내며 싸운다. 아버지를 불쌍하게 생각한 것을 보면 잘잘못을 아는 아이였다. 놀란 선생님은 학부모들을 소집했다. 아이의 정서를 같이 걱정하자고.

그 무렵 지인이 소중히 간직한 엽서 한 장을 보여주었다. 초등학생 딸이 생일 선물과 함께 준 엽서는 연필로 쓴 글씨가 비뚤비뚤했다. 아이는 자기 어머니를 '태양'이라고 했다. 태양이 오직 하나이듯 자기 엄마도 하나이고 태양만이 온 세상을 밝게 비출 수 있듯이 엄마 웃음만이 자기 가정을 행복으로 이끈다고 표현했다.

초등학생답지 않게 엄마를 태양에 비유하면서 엄마의 존재를 강조했다. 자기들의 밝은 꿈이며 희망이라고 엄마의 가치를 평가할 줄 알았다. 아이 엄마는 그 연애편지를 영양제처럼 지니고 다니면서 자신이 존재해야 할 가치를 인식하였다고 했다.

우리 어머니도 나에게 구름에 가려진 태양이었다. 늦둥이라서 그랬는지 어머니는 투병 중인 날이 많았다. 얼굴은 누렇고 입술은 파랬다. 검지와 중지 사이에는 담배가 끼어있었다. 어머니는 담배 연기를 내뿜으면서 고통스러운 신음도 같이 내뱉었다. 가족들도 간접흡연처럼 앞날이 뿌옇고 기침처럼 한숨이 터졌다. 눅눅한 기분과 무거운 마음은 어머니가 병석에서 일어나야 구름이 걷히고 태양이 뜨듯 온 천지가 밝고 고슬고슬했다.

어릴 적 어머니는 많은 날을 자리에 누워계셨고 투병하는 신음에 우리 형제들은 어머니가 어떻게 될까 봐 가슴 조였다. 나는 어머니 가슴에 손을 얹고 숨소리를 듣다가 심장이 벌떡벌떡 가쁜 숨을 쉬면 마음 놓고 놀러 나갔다. 사람이 죽으면 숨이 멈춘다는 것만 알았던 철부지였다.

어머니는 애연가였다. 초등학교 시절 음력 오월 초사흘 외할아버지 기일에 나도 따라 외가에 갔다. 평소 얌전한 어머니가 손위 올케 앞에서나 나이는 아래지만 계모 앞에서 담배 연기를 내뿜었다. 이모가 어쩌다 그 몹쓸 것을 배우셨냐고 물었다. 어머니는 담배 연기에 한과 걱정을 토해 내 본 적 없는 사람은 모른다. 내게 금연은 권하지도 기대하지도 말라 하셨다. 어머니는 속병보다 흡연으로 인해 일찍 세상을 떠나셨다.

나는 어머니 흡연을 적극적으로 도왔다. 어머니가 병석에서 담뱃불을 붙여오라 하면 불나게 아궁이에 담뱃대를 대고 숨을 훅 들어 마시어 불이 붙으며 재빨리 어머니 입에 대드렸다. 아마 몇 년은 더 살 수도 있었을 텐데 내가 재촉한 것 같다. 그 무렵 내 나이는 병약한 어머니를 태양이라는 격려로 특효약을 처방한 아이와 비슷했다.

도박으로 상처받은 아이의 뒷이야기가 궁금하다. 부모의 도박으로 속을 끓이던 세대가 자녀의 온라인 도박으로 긴장하고 고민한다. 그 병을 치료하는 데 가족들의 관심과 위로가 절실하다는 한국도박문제관리센터가 간곡히 부탁한다.

빨래터

빨래터 단골이었던 새언니가 병환 중이다. 연세가 많아도 내게는 새로움의 아이콘이다. 새로움이 병환에 빛이 바랬다. 아름다운 추억을 모아 위로해 드리고 싶다.

고향에 빨래터는 남녀노소가 즐겨 찾는 곳이었다. 마을 사람들 오락실이고 사랑방이었고 카페였다. 도란도란 소리와 졸졸 흐르는 시냇물에 풍덩, 철석, 꽐꽐꽐, 쭈루루우, 물소리 가락이 구성지다. 동이 트기 전 나물을 씻으러 오는 새댁도 머리 감으러 온 소녀도 걸레 대야를 옆구리에 끼고 오신 할머니까지 헝클어진 머리에 입을 가리지 않고 하품하며 눈을 비비고 나와서 깔끔하고 환한 모습으로 귀가하는 곳이다.

어느새 해가 떠오르면 새벽일을 마친 남자들이 아침밥을 먹기 위해 귀가를 서두른다. 가득 찬 꼴망태를 맨 사람, 거름 한 지게 내다 놓고 오는 사람, 흙 묻은 농기구를 들고 오는 사람, 물꼬를 둘러보고 아전인수만 해보라 가만두지 않겠다는 듯 거드름을 피우는 부잣집 영감도 세수하려고 빨래터로 모인다. 두 손 모아 물을 떠서 '뿌우 뿌우' 얼굴을 문지른다. 세숫비누 없이 고양이 세수를 하고 치약 대신 모래로 이를 닦는 사람도 있다. 하루를 시작하는 경건한 의식이다.

냇가에 불문율이 있었다. 빨래터 맨 위에서는 식수를 길러 가고 그다음 자리는 나물이나 먹거리를 씻는 자리다. 걸레나 기저귀는 맨 아래에서 빨았다. 머리를 감거나 세수를 하는 사람은 옷을 정강이까지 걷어 올리고 물속으로 들어간다.

내가 초등학교 입학하기 전 새언니가 시집와 물 건너로 살림을 났다. 시냇물은 폭이 넓었고 징검다리를 건너야 했다. 어린 나는 징검다리를 폴짝폴짝 건너 하루도 빠짐없이 신혼집을 드나들었다. 홍수가 나 징검다리 사이 돌이 떠내려가면 보폭이 좁은 나는 새언니 집을 못가 안달이 났다. 징검다리 하나만 건너면 라디오에서 노래가 흐르고 화려하게 장식된 신혼살림과 달콤하고 새큼한 간식과 상냥한 목소리로 부르는 호칭과 시누이 대접을 받던 곳이었다.

겨울이 되기 전 돌다리 위로 섶다리가 세워졌다. 마을 사람들은 통나무로 기둥을 세우고 나뭇가지와 짚을 엮어 상판을 만든다. 그 섶다리도 봄이 올 때쯤 기둥만 남고 상판이 흩어지고 무너진다. 그럼 다시 돌다리로 건너다니고 가을이 오면 섶다리 놓기가 이어진다.

새언니는 문화의 아이콘이다. 새언니가 시집오고 얼마 후 섶다리 대신 시멘트 다리가 놓여 사시사철 경운기와 자동차가 전답까지 들고난다. 농작물을 널어 말리고 밤이며 돗자리 없이 마을 사람들이 휴식 공간이다. 시멘트 다리는 빨래터 여인들에게 그늘을 제공하고 가림막도 되었다.

새언니 옆집에는 작은어머니가 살았다. 예쁘고 인심 좋은 작은어머니와 새언니는 빨래터에서 나란히 앉아 소곤소곤 댔다. 아마도 시댁에 대한 서운함을 공유했을 것이다. 작은어머니는 빨래하면서 빨랫감 주머니를 뒤지면 돈이 나왔다. 돈이 귀하던 시절 부잣집 며느리와 입담 좋은 새언니는 날마다 냇가에서 만났다. 둘이 나란히 앉아 빨래하던 풍경을 『빨래하는 여인들』제목으로 그림을 남겼다면 새언니는 멋진 모델이 되었을 텐데. 화가 흉내는 못 내더라도 글로라도 투병 중인 새언니를 위로하고 싶다.

박수근 화가는 빨래터에서 만난 처녀에게 반해서 결혼까지 했다. 그 배경을 그린『빨래터』는 그의 대표작이며 그로 인해 가장 한국적 화가가 되었다. 몇 년 전『빨래터』가 45억 2천만 원에 낙찰되었다는 보도였다. 그림의 소장자였던 '존 닉슨'은 무명 화가의 그림을 무심코 보관하다 화가 이름이 매스컴에 오르내리는 것을 보고 그림을 한국 시장에 내놓다가 고액의 가치 평가를 받았다고 한다.

새언니는 한 마을에서만 살다 건강이 나빠져 병원 가까이 이사를 했다. 병환 중인 새언니에게 신혼 적 집터와 빨래터 추억을 영양제로 수혈하면 회복에 가속이 붙을까. 한평생 희로애락을 같이 했던 신혼 집터는 깨진 항아리 몇 조각과 두껍게 쌓인 댓잎이 지키고 있다. 집터에 머무른 지 몇 시간 동안 인기척 하나 없고 대밭에서 참새 몇 마리가 고향을 대신해서 새언니 쾌유를 빈다고 전해달란다.

떠내려간 돌들처럼 흩어진 고향 사람들은 어떻게 살고 있을까. 친구들과 미역을 감던 냇가를 따라 아랫마을 쪽으로 내려가니 사이사이 돌이 빠진 징검다리가 불안하다. 같이 자란 친구들은 부모 형제가 없어 고향 올 기회가 많지 않다. 난 고향인 새언니가 계신다. 그런데 왜 자꾸 떠내려가 버린 징검다리가 생각날까.

파도에 씻긴 조약돌

　25년 만에 주민등록증을 재발급받았다. 전에 사진이 흐려져 본인 검증이 안 된다. 새로운 사진과 비교해 보니 새로 찍은 사진 인상이 편안해 보인다. 포토샵을 했고 억척스럽고 거친 생활을 벗어나 여유롭고 느긋한 마음이 드러난다.
　지난 주민등록증 사진 찍을 무렵은 생각조차 하기 싫다. 모든 것이 불안하고 거칠었다. 부끄럽고 자존심이 상했다. 그런 표정과 생활이 숨겨지지 않고 노출된 것 같다. 어느 지인이 조그마한 손거울을 주며 좀 더 밝고 평온한 얼굴을 가꾸기를 바란다는 예쁜 글씨도 함께 주었다.
　얼굴의 사전적 의미는 '인간의 현재 상태나 감정을 직관적으로 알려주는 구실을 한다.'라고 한다. 나를 대표하고 다른 사람들이 나보다 잘 인식하는 얼굴이다. 나보다 더 자세히 내 표정을 보고 나에 대해서 짐작한 것 같다. 매사에 자신감 없고 수줍은 성격이었다. 항상 망설이고 포기부터 하느라 아무것도 못할 때였다. 소심한 성격이 표정에 고스란히 나타났을 것이다. 거울이나 사진을 통하지 않고는 볼 수 없는 얼굴, 그러나

거울을 볼 시간도 마음의 여유도 없었던 시절이었다.

그 거울을 자주 보고 그녀의 부탁대로 예쁘게 화장을 하고 억지로 웃으면서 셀카를 찍어서 보니 여간 부자연스럽고 낯설다. 편치 않은 마음이 고스란히 드러났다. 표정관리가 쉽지 않다.

표정은 마음 상태로 나타나는 거울이었다. 첫아이 유치원 졸업 기념사진에 대한 악몽이 지워지지 않는다. 왜 엄마가 강제로 사진을 찍어야 했는지 아직도 모르겠지만 모양을 정성껏 내서 카메라 앞에 섰다. 며칠 후 사진을 받고 충격에 빠졌다. 일그러진 표정, 독기 서린 눈매, 부어터진 입이 나조차 놀랐다. 잔주름과 잡티와 작은 주근깨까지 정확하게 드러난 내가 틀림없었다.

무엇보다 아이에게 미안했다. 심술궂고 못난 어미가 얼마나 창피했을까. 요즘은 포토샵도 예술이라고 잘들 하는데 당시는 본 모습 그대로 드러나는 '날사진'이 대부분이었다. 다시 현상해달라고 억지를 썼다. 정직한 사진사는 그게 너라는 듯 어림도 없었다.

지금 생각하면 얼굴은 정확한 마음의 거울이었다. 사진을 촬영하던 날 천연덕스럽게 위선을 떨었지만 '나는 가난뱅이요. 남편이 실직했어요.'라고 쓰여 있었다. 아무리 표정관리를 해도 속마음이 얼굴에 고스란히 드러났다. 아이들에게 들키지 않으려고 표시하지 않으려고 노력했지만 모두 허사였다. 그래도 다행히 하소연할 친구가 있어 아이들이 가엽다고 털어놓았다. 친구 반응이 뜻밖이다.

어느 날 친구는 나를 데리고 요양원으로 갔다. 버스를 두 번 갈아타고 가파른 시골 언덕길을 올라가면서 할머니들 얼굴이 떠올랐다. 얼마나 외롭고 쓸쓸할까, 늙고 병든 부모를 내버린 자식들이 원망스럽겠지. 많은 생각이 꼬리를 무는 사이 '○○요양원'에 도착했다. 앞을 못 보는 분, 귀가 안 들리는 분, 걷지 못하는 분들이 보호받고 있었다. 우리가 가져간 음식으로 상을 차려서 할머니들과 마주 앉았다. 한복을 곱게 차려입고 귀걸이까지 한 어르신께 물었다. "할머니 누가 화장해드렸어요?" "내가 했지" 화사한 얼굴 조명이 일행 표정까지 환하게 비춘다. 연세가 많고 몸도 불편하고 오랫동안 요양원에 의탁한 할머니들 표정이 장미는 아니지만 찔레꽃이다.

요양원에서 돌아오면서 친구가 말했다. "그분들은 진주다. 자신도 모르게 요양원에 갇혀버린 황당함, 정든 둥지를 떠난 두려움, 가족과 격리된 외로움, 그리고 자식들에 대한 배신감 등 시련과 절망과 고독을 가슴속에 꼭 품고 긴 세월 아우르고 어루만져서 무뎌져 버린 거지."

어느 사진작가도 사진을 찍을 때 눈은 렌즈 주변을 똑바로 보면서 "나 어때, 하며 자존감을 가져라. 못 가진 것만 원망 말고 가진 것 모두를 사랑하고 자랑하라."라고 한다. 그렇게 노력하다 보면 자신감이 표정으로 드러난다고.

고가의 장난감도 비싼 과외도 부모의 쓸데없는 경쟁심이었다. 아이들은 문제없이 지내는데 내가 조바심에 안절부절못하고 스스로 힘들어하던 시절이었다. 삼 남매가 무사히 성장해서 내 곁을 떠났다. 그런데 아직도 하루 중 절반은 그들을 생각하며 살고 있다. 그래도 거울 보면서 억지로 웃는 연습을 안 한다. 화장하는 것도 액세서리 장식도 없고 입꼬리를 위로 아래로 당겨보는 연습도 그만뒀다.

법정 스님은 "아름다운 얼굴을 만들기 위해서는 내면의 아름다움이 필수다. 얼굴의 매력은 너그러움과 선량함과 지혜로움이 내면에서 발산되어 밝아질 때 아름다운 얼굴이 된다."라고 한다.

우울하고 괴로운 패배감은 과욕을 부린 경쟁심에서 시작했다. 지금도 나는 손거울을 보면서 표정관리를 한다. 뭘 원하는데. 이제 사진 찍을 때 화장을 안 해도 되고 옷도 골라 입지 않아도 돼. 대신 아이들에 대한 조바심과 과욕만 부리지 않으면 돼. 알았지? 스스로 묻고 답한다.

새로 찍은 주민등록증 사진이 거친 파도에 씻긴 조약돌 같다.

등나무와 칡덩굴에
물어 무엇하리

어느 날 문득 뚝섬유원지역에서 내리고 싶었다. 전철을 타고 한강을 건너면서 내려다보인 공원에 오가는 사람들이 부러웠다. 집과 직장 중간 지점이라서 마음만 먹으면 날마다 운동 겸 여유를 부릴 수도 있을 것 같았다. 이른 아침 일찍 서둘러 전철역에서 내리자 넓은 평지에 사람 몇몇이 걷고 있을 뿐 공원은 조용했다.

사전에 약속하지 않고 계획 세우지 않고 만난 사람이 반갑고 기쁨이 배가 되듯 우연히 들어선 공원이 첫눈에 들었다. 전철역과 바로 연결되어 진입장벽도 없었다. 운동기구가 군데군데 설치되어 차례를 기다리지 않아도 되고 산책로도 여러 군데 있어 도심 속에 여유를 즐기기 안성맞춤이다. 양손에 떡을 쥐듯 운동기구를 이용할까 산책할까 망설이다 강가를 따라 걸었다. 강가 언덕에 수크령 하멜론이 바람에 흔들리며 환영해 주고 강둑에 한삼덩굴이 제멋대로 엉클어지고 달맞이꽃이 뜬눈으로 밤새우고 갈대도 합숙했나 보다. 달개비꽃이 혀를 내밀어 '메롱'해서 눈맞춤하고 풀숲 속에 풀벌레들과 합창도 해본다. 강물 출렁이는 소리, 멀리 전동차가 철커덕철커덕 철교 건너는 소리. 풀밭에서 친구들 부르는 참새 소리, 먹이를 쪼아 먹으며 데이트 중인 비둘기 소리가 바람의 지휘에 따라 교향곡을 연주한다. 백색 소음 천국이다.

한강 건너편 잠실 아파트와 롯데타워와 잠실 체육관까지 나와 발을 맞춘다. 백색 소리에 지루해질 때쯤 둘레길로 방향을 돌린다. 장미공원으로 들어서니 꽃은 지고 쟁반 같은 반송이 정자를 흉내 낸다. 아기자기하게 조성된 인공공원을 지나 원시림 같은 고목들의 동산으로 들어선다. 적송들은 고목이 되어도 운치가 있고 품위도 있다. 가지가 Y, V, U, N형으로 굽고 휘어져 세월을 짐작게 한다. 과거를 머금은 나무들은 이곳을 다녀가신 세조와 성종과 이순신 장군도 직접 뵈었겠지. 그분들은 떠나고 세월의 무게를 못 이겨 아래로 처진 고목마다 지팡이가 받치고 있다.

뚝섬에 나무가 많다고 했더니 지인은 믿지 않았다. 그도 그럴 것이 전동차에서 내려다보면 풀숲 정도다. 와서 보니 상상외로 교목과 관목이 빽빽하다. 다양한 고목 중에는 금강송처럼 반듯하게 하늘로 치솟는 소나무도 있고 드러눕듯 굽은 고목들도 많다. 그 곁에 백송 3그루가 위용을 자랑하며 서 있다. 솔밭에 유일하게 나무껍질이 회백색이다. 비늘처럼 툭툭 튀어 떨어진 곳에 속살이 윤기가 자르르 흐른다. 얼마 전 딸이 남자친구라고 소개한 사람도 키가 크고 피부색이 하얀 외국인이다.

뚝섬은 예로부터 풍광이 좋고 들짐승이 많아 임금이 사냥하고 군대

사열을 했단다. 그때 커다란 깃발을 꽂았는데 이 깃발을 '독' 또는 '뚝'이라 해서 뚝섬이라는 이름이 유래했다. 2024년부터 '뚝섬유원지역' 이름은 역사 속으로 사라지고 '자양역'이 새로 태어났다.

아직은 낯선 공원 식물들 이름표에 인사드리듯 하나하나 읽는다. 참나무, 측백나무, 편백, 사철나무, 청단풍, 중국단풍, 살구나무, 매화나무, 독일가문비 등 셀 수 없이 수종들이 많다. 그중 수수꽃다리가 발길을 잡는다. 기둥부터 새끼줄처럼 비비 꼬였다. 그 꼬임이 수령일까, 본질일까. 고난과 역경을 딛고 고유한 형틀이 만들어졌나. 나무옹이가 알을 품고 있는 새 같다. 신기하다. 다른 방향에서 보면 뱀이 대가리를 쳐들고 주변을 살피는 것도 같다. 똑같은 나무옹이가 마음먹기에 따라 새가 되고 뱀으로도 보인다.

등 굽은 소나무를 뒤로하고 귀가를 서두르는데 등나무와 칡덩굴이 엉켜있다. 등나무는 오른쪽으로 칡은 왼쪽으로 올라간다. 백송과 적송이 색깔은 달라도 본질은 소나무다. 소나무는 사철 푸르고 십장생 중 하나이고 교목으로 우람하게 하늘로 치솟으면서 뿌리를 깊이 내리고 있다. 아이가 백인 나라에 살고 있으니 백송 동산에 적송이 섞일 것일지 적송 중에 백송이 심어질 것인지 아직은 알 수 없다. 오로지 어디든지 하루빨리 뿌리를 깊이 내려 아름답게 정착하기를 바랄 뿐이다. 고목 그늘 밑 흙이 반질반질하다. 남녀노소가 일찍부터 맨발로 걷는다. 신발을 못 벗는 나는 날카롭고 거친 장애물을 의심해서다. 가보지 않은 길을 두려워하고 해보지 않은 것을 피하는 내게 첫 외국인 가족이다. 아이의 남자친구에 대해 등나무와 칡덩굴에 물어서 무엇하리.

> 가고 있다는 사실만으로도
> 어떤 시간은 반으로 접힌다
> 펼쳐보면 다른 풍경이 되어 있다.
>
> - 교보문고 현판에서 -

화수분

　어릴 적 건넛마을에 공동우물이 있었다. 근동에서 가장 깊은 우물이다. 한여름에도 손이 시릴 정도였고 냇물이 꽁꽁 언 겨울에도 김이 모락모락 났다. 우물을 중심으로 마을 사람들이 끊임없이 들고나왔다.

　한 우물물을 먹던 사람 중에 시대를 앞서가는 사람이 있었다. 그는 넉넉히 추수할 수 있는 전답은 없어도 고무신을 땜질하는 기술자였다. 당시는 동네 오일장이 섰고 모두 고무신을 신을 때라 벌이가 쏠쏠했을 것이다.

　지금처럼 급변하는 시대는 아니지만 70년대 시골도 의식주가 서서히 변화되고 있었다. 초가지붕이 슬레이트 지붕으로 진흙 길이 시멘트 길로 진화되고 지게는 바퀴 달린 경운기로 노동력과 생산량을 변화시켰다. 길쌈을 해서 직접 지어 입던 의복도 나일론 같은 화학 섬유 기성품이 유행이었다. 선거 때마다 찬성 표와 바꾸던 고무신이 사람들 의식이 트이면서 부정 선거 표징이 되어 가치가 떨어졌다. 남녀노소가 운동화를 애용하고부터 고무신 수선 일감이 없어져 빈둥거렸다. 실업자 눈에는 농부는 태어나면서부터 농사꾼으로 알았나 전업은 안중에도 없었다.

어느 여름, 남편은 집안에 편안히 계시고 아내는 남의 모내기를 하다가 논에서 다섯째 딸을 분만했다. 본인 닮은 아들 낳기를 간절히 기대하다 실망했는지 술 마시는 날이 많아졌다.

남자가 술에 취하면 식구들을 구타하고 된장 항아리를 깨버리던 날부터 동네 아이들은 남자가 지나가면 "돈 떨어져 신발 떨어져 강원 양반 ○○떨어져"라고 놀렸다. 그 집 딸들이 동네 아이들과 어울려서 노는 것을 본 기억이 없다. 대범한 아이들이 아니라면 가난과 아버지 폭력과 아이들의 조롱에 기가 죽었을 것이다.

까마득히 세월이 흐른 어느 날 고향 가는 길에 현수막이 군데군데 휘황찬란했다. 맑고 깊었던 우물집 손자가 판사가 되었다. 문득 한 우물물을 먹었던 고무신 땜장이 집 식구들이 궁금했다. 이미 고향 사람들에게는 잊힌 사람이라 정확히 아는 사람이 없다. 그 집 먼 친척뻘 되는 사람과 다른 사람들에게 들은 이야기를 중심으로 퍼즐 조각을 꿰맞추면서 소설을 엮어봤다.

몇 년 후 남자가 술병으로 죽었다. 아내가 폭력에서 벗어나 싶었는데 당뇨병 후유증으로 눈이 멀어버렸다. 가난과 아이들에 치여 병원 한 번 못 가고 치료할 기회를 놓쳐 시력 장애 자가 되었다. 먼 친척이 안쓰러워했다.

동네 친척이 서둘러 근동에 착하고 근면한 총각에게 맏딸을 시집보냈다. 지인들은 다소곳하고 성정이 순한 맏이가 시집살이를 잘할 것으로 믿었다. 자랄 때를 생각하면 어느 집으로 시집가도 친정보다는 나은 삶일 것이라 믿었다. 신분 상승까지는 아니더라도 총명하고 건장한 자녀들을 낳고 길러 행복의 화수분이 되길 바랐다. 아늑하고 풍족한 가정을 이루고 가끔 친정엄마를 모셔서 친정아버지 흉도 실컷 보고 남아선호사상이 얼마나 헛된 생각인가를 보여주었으면 해피엔딩일 텐데. 소설은 비극이었다.

가난한 집 맏딸은 어릴적 가난했던 때 핍박 받았던 트라우마가 우울증이 되어 자살하기에 이르렀다. 온순하고 차분했던 그녀의 극단적 선택은 자신으로만 끝난 것이 아니었다. 자살은 제2의 범죄라고도 한다. 남은 가족들의 삶은 허무함과 안타까움으로 남는 것이다.

냉장고가 없던 시절에 우물에 줄을 매달아서 김치랑 과일이랑 보관했다. 어쩌다 음식이 뒤집히면 우물물을 퍼내야 한다. 퍼내고 퍼내 우물에 고인 물이 없어질 때쯤 키가 작고 날렵한 내가 우물 안 돌벽을 타고 내려가 우물 바닥을 훔쳐내 두레박에 담으면 밖에서 들어 올리는 공동 작업이었다. 우물물을 바닥까지 퍼내 버리면 맑은 물이 금방 고여 더욱 더 맑고 시원했다. 밖에서 지켜보는 가족이 있어 우물 속에서도 두렵지 않았다.

가정이란 우물 같다. 정을 쉴 새 없이 퍼 올려도 마를 날이 없고 긴 가뭄에도 고갈된 적이 없었고 언제나 맑고 시원했다. 겨울에는 김이 모락모락 나고 한여름은 냉장고 역할을 할 정도로 사랑의 온도가 유지되고 가족들 행복이 끊임없이 솟아나는 곳이 가정 말고 또 있을까. 그녀의 남은 가족들 행운을 빌어본다.

호랑이 손님

　삼복더위에 호랑이보다 무서운 손님이 왔다. 2023년 제25회 세계 스카우트 잼버리가 전북 새만금 야영장에서 열렸다. 피부 색깔과 언어와 생활 방식이 다른 170여 국 4만 3천여 명 청소년들이 날아왔다. 새만금 간척지가 다양한 새들의 둥지로 화려하다. 꽃처럼.

　귀한 손님들이 화가 났다. 텐트를 치자마자 철수한다. 오래전부터 준비해온 일정을 포기하고 각자 흩어진다. 손님이 떠나자마자 네가 잘못 했잖아. 왜 나만 탓해. 네 탓 내 탓 하는 뉴스가 끊일 줄은 모른다. 뒷북치는 모습이 안타깝다. 민망하고 부끄럽다.

　세계 스카우트 잼버리 행사가 2018년 평창 동계 올림픽이 맹추위에 무사히 끝난 것처럼 무더위도 극복하기를 바랐다. 86아시안게임, 88올림픽, 2002년 부산 아시안게임 2002년 6월 한일 월드컵, 2018년 평창동계올림픽 등 그 밖에도 각종 국제 경기와 세미나가 열릴 때마다 문제없이 마쳤는데 이번에는 왜일까.

　2002년 한일 월드컵은 우리 축구 역사상 최고 성적으로 4강에 올랐다. 3~4위 대한민국 대 독일전 날, 0:1로 패한 것조차 손님 대접이라 했다. 강남역 대로는 교통이 통제되었다. 많은 사람이 도로로 쏟아졌다. 어느 청년이 초등학생인 우리 막내를 안아서 자기 어깨에 앉히고 덩실덩실 춤을 추며 앞장섰다. 아이도 겁먹지 않았고 나도 걱정하지 않고 따라갔다.

거리 응원전이 끝난 자리에 티끌 하나 없었다. 그 많은 사람이 모였지만 티격태격 다툰 소리 하나 없었다. 국민의 단결된 힘은 민족의 긍지와 자부심이었다. 애국심이란 참뜻을 이해했고 그 현장에 동참했다는 뿌듯함이 아직도 생생하다.

손님들 기대와 설렘을 무너뜨릴 것은 국가 역량이 부족해서가 아니란다. 각자가 맡은 역할의 문제였다. 폭염에 태풍 '카눈'까지 겹쳐 벌레 물림, 일광화상, 피부 병변, 온열 손상, 코로나 등 8천여 명 환자가 발생했다. 더 아쉬운 것은 더러운 화장실이 문제였다. 샤워장도 어설펐다. 음식도 부실했다고 한다. 어이없지만 백번 양보해서 날씨 탓이라 하자. 사계절이 뚜렷한 한국에서 한여름 날씨를 예상하지 못했단 말인가. 몇 년 전부터 정해진 행사라서 준비할 시간이 충분했을 텐데.

초등학교 때 어느 날 선생님께서 다음 가정방문은 우리 집이라고 했다. 어머니는 손님을 맞으려고 화장실은 물론 부엌과 뒤란까지 정리하고 음식을 손수 정성껏 준비했다. 비가 와도 마당에 널린 곡식을 거둬들이지 않던 아버지도 집 안팎을 정리했다. 깔끔한 환경과 정성껏 준비한 음식으로 손님에 대한 존경을 표했다. 다음 날 선생님을 만날 때 기가 뿜뿜 솟고 뿌듯하고 당당했다. 당시는 형편이 어려워 학교를 안 보내는 집이 많았다. 우리 집은 부자는 아니어도 부모 관심은 받는 아이라고 보여준 기회였다.

새만금을 떠난 잼버리 청소년들이 강남 튀김집 앞에 모여있다. 자국기가 새겨진 티셔츠에 반바지 차림 종아리가 벌레 문 흉터로 선홍색이다. 보는 사람까지 가렵다. 제대로 대접받지 못하고 고생만 한 것 같아 안쓰럽고 미안하다.

퇴근길에 지하철 화장실에서도 만났다. 십여 명 소녀가 경쾌하게 춤을 추며 노래한다. 거울을 보고 멋을 내는 그들에게 마음으로 물었다. 화장실 깨끗하지? 새만금 환경은 진짜 미안하다. 사실 우리나라 특히 전북지방 인심은 자기는 끼니를 못 때우더라도 손님 밥상은 다리가 휘도록 차리거든. 세계가 놀랄 정도로 훈훈한 인심을 보여줄 기회였는데 아쉽고 미안하다. 알아듣거나 말거나 혼잣말이라도 해야 자존심 상하지 않고 부끄럼도 덜할 것 같다.

2027년 서울 세계청년 대회가 한국에서 개막된다. 가톨릭교회가 주최하고 교황님이 전 세계 젊은이들과 함께 하는 행사로 여름에 개최한다. 신자들은 기도한다. 우아하고 품위 있는 것도 포근하고 따뜻한 것도 중요하지만 부디 잘 준비되어 무사히 마칠 수 있기를 바라는 기도다.

냄새

　남자 얼굴이 환해졌다. 무덤덤하고 수더분한 외모는 여전한데 근황을 이야기할 때 자신감이 넘친다. 눈을 똑바로 맞추고 어깨를 반듯이 편다. 당당한 모습이 오랜만이다.

　아내를 보내고 둘째 딸이 사법고시에 합격했다. 딸들 자랑이 봉숭아 씨앗처럼 터진다. 큰딸이 판사라고 한다. 축하한다고 부럽다고 하자 손사래를 치며 주변에 말하지 말라고 부탁을 거듭한다. 입은 막아도 달콤한 냄새가 오래 머무를 것 같다.

　몇 년 전 남자가 심각한 표정으로 할 말이 있다고 했다. 여간해서는 속마음을 드러내지 않던 사람이라서 촉각이 곤두섰다. 그의 눈가가 촉촉해졌고 잠깐 숨을 고르고 나서 어렵게 말을 꺼냈다. "자매님, 집사람이 중환자실에 입원했어요. 사법시험을 준비 중인 둘째 딸이 집사람 병간호를 하겠다고 시험공부를 중단하겠다네요. 기도 좀 부탁드립니다." 흔치 않은 남자의 눈물에 내 눈물도 보태졌다.

　사람의 취향이나 성격은 본인보다 주변 사람들이 먼저 맡는다. 많은 영향도 미친다. 남자의 굳은 표정과 꽉 다문 입은 보는 사람까지 우울하고 답답했다. 날이 갈수록 작업복 때가 짙어지고 몸은 야위어 갔다. 아내의 암 판정이 남자의 심신을 갉아먹고 있었다. 거래처 중에 VIP인 그가 한동안 오지 않아 내 매상이 많이 줄었다. 한 사람의 흔들림이 여러 사람을 고통스럽게 했다. 모녀를 위해서 그를 위해서 나를 위해서도 환자가 쾌유하기를 간절히 바랐다.

여러 거래처 중 기도를 부탁한 사람에게 선한 향기가 났었다. 그는 물건을 많이 팔아준다고 과시하거나 자본이 튼튼하다고 과장하지 않았다. 그 곁에서는 어려운 말을 쓰지 않아도 되고 잘 보이려고 치장할 필요도 없다. 그는 선량하게 보였고 정직했다. 경제적으로 내게 많은 도움을 주면서도 교만하지 않고 겸손했다. 유명한 정치인이 거주하는 서초동 고급 아파트에 살면서 내색하지 않았다. 가진 자의 자만한 냄새는 없었다. 큰딸이 '판사'라는 것도 얼마 전에 알았다.

루이제 린저는 "사람들이 그 사람에 관해 생각하는 모든 것, 그것이 바로 인품이다."라고 한다. 5월이 되면 "서울장미축제"가 중랑천에서 열린다. 화려한 장미꽃으로 5.15km 장미 터널 중간중간에 찔레꽃이 끼어 있다. 색깔도 모양도 단순한데 향기는 그윽하고 달콤한 냄새로 확실한 존재감을 드러낸다.

그런 인품을 지닌 남자였다. 베풀기를 망설이지 않고, 작은 손해는 마다하지 않는다. 험담이나 비판은 피하고 상대방 입장을 배려한다. 긴 시간 수다를 떨고 헤어져도 뒤끝이 두렵지 않다. 그 멋진 사람 곁에 있으면 나조차 선해지는 느낌이다. 내게도 그 향기가 밸 것 같다.

지독한 냄새나 향기로운 냄새는 싸고 싸도 새 나간다. 대선 다음 날 기가 센 사람이 물었다. 네가 원한 사람이 당선됐어? 그건 왜 묻는지 대답할 가치가 없어 무시해 버렸다. 투표 전날도 물었다. 누구에게 투표할 거야? 대답이 궁금한 것이 아니다. 자기가 원하는 사람에게 투표하라는 강요다. 협박이다. 평소에는 다정하고 교양 있어 보이지만 정치 이야기만 나오면 얼굴이 붉어지고 목소리가 높아지고 단어가 거칠어진다. 자기만 옳다는 편파적인 성격이 부담스럽다. 상대를 자기 마음대로 쥐락펴락하려는 오만과 독선의 냄새가 고약하다.

남자가 한동안 나타나지 않는다. 궁금하긴 하지만 성공한 두 딸과 편안하게 살기를 바라는데 남자가 나타났다. 얼굴이 수척해졌고 작업복이 신사복으로 바뀌었다. 살이 빠져 옷이 헐렁하다. 불길한 냄새가 난다. 커피를 권하니까 고개를 흔든다. 간경화로 입원했다가 한 달 전에 퇴원했다. 하늘나라에서 아내를 만나면 잘난 딸들을 결혼시키지 못했다고 원망 들을 것 같아서 마음 놓고 죽지도 못하겠다고 한다.

예리한 시인은 죽음의 냄새를 맡을 수 있다고 하던데 시인이 아닌 내 예감에 단골손님 하나를 영원히 잃을 것 같았다. 그리고 그 후 못 만났다.

4부

또 다른 가족

경험

　법정 스님 유언은 말빚이었다. "그동안 풀어놓은 말과 글 빚은 다음 생에 가져가지 않을 테니 내 이름으로 된 출판물을 더 이상 출간하지 말아달라." 했다. 말빚은 말로 진 빚일 테고 글 빚은 출판물일 것이다.
　정치인이나 방송인들이 쏟아놓은 언행으로 곤욕 치른 경우를 자주 보게 된다. 한 번 해버린 말은 쏟아진 물과 같아서 주워 담을 수 없다는 것은 옛말이다. 지금은 누가 언제 어디서 무엇을 어떻게 왜 육하원칙이 확실한 증거로 남아있다. 길거리에 돈이 떨어져도 주워 신고해야 하고 무심코 하는 잘못이나 선행도 모두 저장되고 다시 꺼내볼 수 있는 시대다.
　어디를 다녀왔는지. 언제 무엇을 검색했는지 모두 컴퓨터나 스마트폰에 기록된다. 자신도 모르게 녹취파일이나 CCTV에 또는 IP 주소에 행적이 저장된다. 기억력이 없어 잊어버려도 되돌려 볼 기회가 있다. 아름답지 못한 흔적은 영원히 지워버리고 싶어도 지울 수가 없다. 그런 섬뜩한 상처가 없도록 사는 것이 잘 사는 것일까.

한때 남북회담이 열리고 비핵화로 평화를 기원하는 행사가 많았다. 전쟁은 막아야 한다. 전쟁은 약자들이 먼저 희생되고 가족과 조국을 떠나 난민이 되어 뿔뿔이 흩어진다. 전쟁의 참혹한 상처를 안고 사는 모습이 끔찍하다. 매스컴마다 뉴스와 특집 방송이 연일 계속되었다.

직접 전쟁을 겪지는 않았어도 폐허 현장은 복구하느라 헐벗고 굶어가면서 피땀 흘리는 부모 모습을 보고 자랐다. 그 상처를 글에 담아 양재천에 세워졌다.

나는 6·25전쟁을 직접 경험하지 않았다. 직접 전쟁에 참여한 어른들로부터 전쟁 체험을 실감 나게 듣고 피해 복구하느라 같이 굶주리고 헐벗었다. 사촌 오빠와 작은아버지가 전사했고 전쟁 중에 언니가 태어나 더욱 숨거나 피난 가기가 어려웠다고 어른들에게 듣고 들었다. 건물은 허물어지고 담장과 벽 곳곳에 반공, 방첩, 재건이란 빨간 색으로 비틀비틀 씌어있었다. 우리는 그 글이 슬픈 줄도 모르고 노래하듯 외치는 게임을 했다. 먼저 "반공, 방첩, 재건"을 발견한 사람이 손가락으로 글씨를 가리키면 소리치는 놀이다. 가리킬 곳이 흔전만전했다.

삼복더위에 양재천 글 판을 찾아갔다. 같이 간 문우는 글 판 위 먼지를 닦으며 한 줄 한 줄 읽고 "맞아, 맞아 그랬지." 연발했다. 문우들과 기념사진을 찍고 삼복더위가 가면 다시 오리라 약속하고 발길을 돌렸다.

얼마 후 지인에게 글 판이 없어졌다고 연락이 왔다. 전시 기간이 끝나기 전 아무 통보 없이 작품이 철거되었다. 여기저기 확인해 보고 선정해 준 문학단체도 모른다고 한다. 관계 기관에 몇 번 통화를 시도한 끝에 연결된 지자체 관리 담당자는 중의적인 표현임에도 정치색이라는 민의가 있어 철거했다고 한다. 절차상 작가에게 의논하지 못해 죄송하다고 사과했다. 반항할 힘도 자신도 없었다. 표현이 자유롭지 않다는 것을 직접 체험할 기회였다. 마음의 상처가 가시지 않던 어느 날 비슷한 기사를 봤다.

강원도민일보에 김건희 여사 풍자시로 오인해 작품을 지자체에서 철거했다는 보도다. 춘천 한국민족 예술인 총연합회는 시화전 시를 게재한 문학단체와 시인과의 상의 없이 시를 철거했다는 이유로 즉각 반발했다. 민원 제기만으로 작품을 철거한 것은 표현의 자유를 억압한 것이고 예술에 대한 폭력적 탄압이라고 항의 서안을 냈다. (23년 4월 18일)

글 판을 철거당한 트라우마가 수필집으로 번진다. 혹시 내 수필집을 읽고 마음이 불편하거나 상처받은 사람은 없는지. 말빚이란 단어를 직접 경험한 후 법정 스님 유언은 내가 들어 새길 말이다.

생전에 말과 글과 행동이 일치한 법정 스님은 세 치 혀가 총보다 무섭다는 것도 강조했다. 출판물이 늘어날수록 말빚도 많아진다는 법정 스님의 깊은 뜻이 지금 이 글을 쓰는 순간도 뇌리를 떠나지 않는다.

어처구니가 없네

비 갠 6월, 하늘은 청명하고 공기는 향기롭다. 초여름 부드러운 바람에 새들은 길게 목을 빼서 먹이를 찾고 초록으로 단장한 가로수가 도열해서 환영 해준다. 제법 뿌리를 내린 벼들도 바람을 타고 춤을 춘다. 이런 호시절에 화려한 강이라는 강화도江華島로 어느 여인이 고인돌인 나를 찾아왔다.

그녀가 처음 강화도에 사는 가까운 친척을 방문했을 때 화문석을 사들고 순무로 만든 깍두기와 인삼 막걸리를 먹고 갔다. 두 번째 왔을 때는 교과서에서 배운 초지진이나 고려 궁터를 건성건성 둘러보고 유물관과 강화성당까지 들러 전등사 추녀 끝을 받치고 있는 나신 여신상 앞에서 한참 머물렀다. 여인이 올 때마다 유물과 유적은 변함없는데 그녀의 눈빛이 오래 머물고 어떤 사람들과 오는가에 따라 관심 분야가 달랐다.

이번에는 문학기행 팀과 고인돌인 나를 찾았다. 나의 역사적 의미와 가치를 놓고 대화가 진지했다. 그녀를 인솔하는 선생님은 강화도에 대한 해박한 지식과 유적에 대한 애정이 많은 사학자였다. 강화도는 지붕 없는 박물관이라 한다. 눈에 보이는 것이 유적이요 발에 차이는 것이 유물이다. 풀 한 포기 돌멩이 하나에도 선조들의 영혼이 깃든 역사가 살아 숨 쉰다고 한다.

이번에는 돌들을 중심으로 돌아볼 계획이란다. 나 고인돌은 청동기 시대 어느 족장의 무덤이다. 강화도 하지면 부근리에 있으며 남한에서는 제일 큰 고인돌이다. 이집트 피라미드같이 크지는 않아도 무덤의 의미는 같다. 내 몸무게가 8톤이니까 나를 옮기기 위해서 200~300명 힘이 필요했을 것이다. 거대한 족장의 무덤을 만들어 주는 것은 나를 영원히 기억하려는 뜻이었을 것이다. 그도 그럴 것이 '나 때는'하고 드러내놓고 이야기할 증거가 있어야 하니까. 그나마 내가 있어 청동기를 증명하고 역사를 돌이켜볼 수 있잖아. 이집트가 피라미드로 민족의 긴 역사를 자랑하고 그 가치를 인정받아 관광 수입도 엄청나잖아. 나에게 무덤이라는 의미와 고인돌이라는 이름을 부여하지 않았다면 나는 한갓 바위에 지나지 않았을 것이다.

나를 찾아온 여인 친정에도 의미 있는 돌이 있다고 한다.

그녀가 자란 시골에도 바위는 많았다. 냇가에 너럭바위가 있고 뒷동산에는 의자 바위도 있고 큰 길가에는 귀신 바위가 있다. 바위는 아이들의 놀이터도 되고 어른들의 쉼터이고 고추와 호박고지 같은 것을 말리는 멍석 등 다양한 용도로 쓰였다.

그녀의 친정 토방 밑에 조상 대대로 내려오는 사람 같은 돌이 있다. 크기는 3개월 된 아기만 하고 원래 또렷했을 눈과 귀와 코가 세월에 마모되어 희미해졌다. 여인이 어릴 적 그 돌에 걸쳐 앉았다가 어머니께 꾸중을 들었다.

여인은 그 돌을 '석인'이라 한다. 할아버지가 암으로 사경을 헤매다 임종을 맞이할 때, 아버지가 공산당에 쫓길 때, 두 오빠가 함께 군대 갔을 때는 어머니의 그리움도 함께 했다. 조카가 태어나 행복한 올케언니와 눈 맞춤하였을 것이다. 그 조카들이 공직에 임명될 때 오빠의 흐뭇한 표정을 석인은 지켜봤을 것이다. 한 가족의 희로애락과 집안의 복잡다단한 사연들을 묵묵히 간직한 채 그냥 함께 지켜보고 있을 뿐이다.

몇 년 전 그녀 친정집이 리모델링 공사 중 일꾼들이 석인을 돌덩이로 알고 치워버린 것을 뒤늦게 안 집주인 조카가 가까스로 찾아서 그 자리에 세웠다고 한다.

세월은 흐르고 고인돌인 난 나이를 먹으며 영원무궁해서 이 나라 역사를 이야기할 것이다. 여인이 순간을 잡아두고 싶어 나와 기념사진을 찍고 '선원사지' 발굴 현장으로 갔다. 나도 따라갔다. 그곳에 도착했을 때는 작열했던 태양이 서쪽으로 비켜 비추고 있었다. 선원사 옛 실체는 간 곳없고. 그 절터를 발굴하던 사람들마저 흔적 없는 빈터에 내 동료인 돌들만이 망해버린 왕조의 슬픈 역사에 말을 아끼고 있다.

선원사는 고려 고종 때 몽고 침입을 피해 강화도로 도읍을 옮기고 불력을 통해 구국하고자 창건되었다. 특히 팔만대장경을 조판한 '판각성지'라고 강조한다. 그 후로도 충렬왕 때는 2년 동안 왕궁 역할까지 했던 화려한 절이었다고 기왓장들이 말해주었다. 돌멩이에 혼을 불어넣고 국운을 빌었던 인걸들은 떠나고 후손들은 그 흔적이라도 찾아보려고 돌들을 깨우고 있다.

귀가하기 전 전시관으로 향했다. 그곳에 진열된 맷돌 손잡이 이름이 '어처구니'라고 했더니 여인은 혼자서 중얼거린다. 강화도를 여러 번 왔어도 돌들과 대화하지 않고는 어처구니없는 맷돌이다.

또 다른 가족

　반려동물 1,000만 시대다. 아침 공원에서 운동하는 사람 다섯 명 중 한 명은 반려동물과 동행한다. 그들을 위한 의식주도 하루가 다르게 발전한다. 물건이 잘 팔릴 위치에 개를 위한 고급 카페가 자리하고 24시 영업하는 사료와 수제 간식 가게가 늘고 있다.

　젊은 부부가 자녀 대신 반려견에게 쏟아내는 애정 어린 눈빛이 뜨겁다. 손주를 돌볼 연배들도 반려동물에게 정을 쏟아붓는다. 아이들 까르르 웃는 소리, 칭얼대며 투정 부리는 소리, 까무러치는 소리는 듣기 어렵다. 반면에 반려동물의 재롱과 애교를 자랑하고 심지어 지난 추석 선물로 반려견의 한복이 인기라고 한다.

　반려동물이 가족의 일부가 된 것은 오래전 이야기다. 주인이 외출할 때 동행하면서 외로움을 덜어주고 밤이면 도둑을 지켜 주는 것이 개의 임무였다.

　역대 전 대통령이 청와대로 들어갈 때 우리나라 고유 견이며 천연기념물인 충직한 진돗개를 데리고 갈 때 반려동물에 대한 존재감을 다시 한

번 실감했다. 문재인 대통령 후보 시절에 "반려동물이 행복한 대한민국 5대 핵심 공약"을 발표해서 동물 애호가들 환심을 샀다. 반려동물들의 관심과 관리 방법에 따라 사람들의 문화생활 척도가 달라지는 것 같다.

임실 오수 의견비는 전라북도 민속문화재 1호다. 의견비 이야기는 고려 말 최자 『보한집』에 전해진다. 973년 개가 술에 취해 잠든 주인 '김개인'을 화마로부터 구하고 불에 타 죽는다. 주인은 개를 묻어주고 그 자리에 지팡이를 꽂았다. 지팡이가 우람한 나무가 되자 개 오獒 나무 수樹를 합쳐 오수가 되었다. 오수는 의견 고장답게 2008년부터 고려 개를 복원하고 육종하는 오수개 연구소를 설립해서 진행 중이다.

오수 근처에 사는 언니의 벗은 개였다. 들일이나 집안일을 할 때마다 개가 함께 했다. 부끄러운 일이나 답답한 일을 개한테 하소연하면 개는 그 마음 이해한다는 듯 눈을 깜빡거리며 꼬리를 살랑살랑 흔들었다. 언니가 세상을 떠나 상여가 앞마당으로 들어서자마자 집 나갔던 개가 불쑥 나타나 상주들보다 더 큰소리로 짖었다. 언니가 입원한 날부터 집을 나가 떠돌다 가끔 들어와 안 죽을 만큼만 먹이를 먹었다고 한다.

나는 그 고장 출신답지 않게 덩치 큰 개가 무섭다. 길거리에서 입마개도 없이 긴 목줄을 하고 지나가면 오금이 저린다. 견주는 안 물을 테니 안심하라 한다. 의심스럽게 쳐다보면 오히려 나를 쏘아보며 겁쟁이 취급한다. 오래전 영국에서 엄마와 딸들이 말다툼하던 중 딸들이 소리를 치자 반려견이 그 엄마를 물어뜯어 과다 출혈로 사망했다는 보도가 있었다.

개는 개에 알맞게 의식주를 제공하는 것이 마땅하다. 2019년 8월, 14

세 소녀가 가족과 함께 등산하다가 길을 잃어버렸다. 오천여 명이 샅샅이 찾아 헤매도 못 찾은 사람을 군견 '달관'이가 찾아냈다. 10일 동안이나 험준한 계곡 바위틈 낙엽 속에 파묻혀 있던 소녀를 구조한 것이다. 국민 군견이라 부르고 포상하라는 여론이 대단했다. 조련사 박상진 원사는 "달관이는 군견에 맞는 훈련을 매일 받아야 하기 때문에 특식도 휴가도 불가하다."라고 했다. 달관이는 명견이 되어 12년간 인명을 구조하고 2024년 2월 임실 펫 추모 공원 동물 현충원에 묻혔다. 명견으로 대접받을 수 있었던 것은 개에 맞게 의식주를 제공했기 때문이다.

오수 '원동산' 주변은 의견의 상징으로 거리마다 개 석상이 서 있다. 자주 접하면 친숙해질 만도 한데 아직도 큰 개를 보면 깜짝깜짝 놀란다. 그런데 잘 훈련된 달관이나 안내견은 고맙고 안심이 된다.

우리나라 토종개인 삽살개, 진돗개, 경주동경이, 오수개까지 순수 혈통을 지켜 멸종 위기를 극복하고 있다고 한다. 친화력 있고 민첩하고 강인한 토종개들이 군견으로 탐지와 인명 구조로 활약한다. 사람과 교감하고 희로애락을 함께 한 개가 또 다른 가족이고 친구다.

어느 해 추석에 숫자로 집계된 유기견이 1,359마리라는 보도가 있었다. 고급 먹이를 주고 한복을 입히는 요란을 떨다가 싫어지면 가족을 버린다. 국민 군견 달관이가 묻혀있는 임실 오수가 '세계적 반려동물 성지'가 되었다. 의견비 고장답게 반려동물의 사후까지 깔끔하게 책임지겠다고 한다.

2020년 여름

2020년 6월, 전주 어머니를 뵈러 가는 날이다. 어느 승객이 시내버스 기사와 실랑이를 벌인다. 마스크 착용하지 않은 승객 내려라. 가방에 있으니 승차해서 쓰겠다. 당장 착용하라. 승객이 마스크를 쓰자 버스가 출발한다.

어머니께서 문전 박대다. 당연히 자식을 반갑게 맞아주실 것이라 믿고 연락 없이 왔다. 황당해서 망설이니까 코로나19가 진정되면 다시 오라고 어서 올라가란다. 평소 야속한 분이 아니었기에 마스크로 입을 막았다.

내가 가던 날 전주 23번째 코로나19 확진자가 발생했다. 수도권 확진자가 1,300여 명이 넘어갈 때 전주는 조용했다. 비교적 청정지역에 확진자가 발생하자 발칵 뒤집혔다. 감염자와 접촉한 사람 1,000여 명을 검진해 보지만 모두 음성 판정이다. 연결 고리 없는 감염자라서 방역 당국 고민이 깊다. 나도 확진자가 수두룩한 곳에서 와서 주변에 전염시킬 것을 염려해서 내쫓겼다.

코로나19로 일상생활이 예측 불가다. 2주간이 고비이니 외출을 삼가라, 보름 동안 방역 수칙이 중요하다. 그리고 또 2주만 그리고 또, 그리고 또, 연속이다. 평범했던 지난날이 천국이었다. 마음 놓고 대면할 수 있는 장벽이 자꾸 높아진다. 조심스럽지만 끝없이 들려오는 불길한 사연들이 우리에게도 스며들까 등을 떠밀었다. 쫓겨나도 엄중한 시기에 어머니가 무사함을 확인했으니 돌아서는 발걸음이 무겁지 않다.

내가 감염되었는지 나도 모른다. 서로 만나지 않으면 치료제도 되고 백신이 되는 시대다. 병원이나 여럿이 모인 곳에서 발열 기를 들이대면 가슴이 두근두근한다. '고열'이라고 하면 어쩌지. '확진' 소리는 중병 선고다. 거미줄처럼 연결된 사람들 모두 비상 상태로 돌입해야 한다.

전염병이 핵폭탄보다 잔인한 살상 무기다. 전 세계 사망자가 늘어나고 있다. 큰아이가 살고 있는 미국 대통령은 방역시스템에 대해서 오락가락한다. 마스크를 중시하지 않는다. 유럽에서도 환자나 범죄자가 착용하는 마스크라고 거부했는데 이제 적극적으로 착용한다. 한때 일일 사망자가 최고치를 나타내고 확진자도 세계에서 제일 심각한 미국에 내 자식이 살고 있다.

의료인인 딸아이에게 품질 좋은 마스크를 보내야겠다. 자식이 있는 곳이 코로나19 확진자가 폭증하고 사망률이 높아진다. 마스크가 중요한 무기다. 기우일지라도 연로하신 어머니와 의료 선진국을 찾아간 딸아이를 잊은 시간은 오직 잠들어 있을 때뿐이다.

초등학교 동창 부고가 사후 몇 달 후에야 도착하다니. 마지막 인사할 기회조차 주지 않은 야속한 코로나19다. 세계 곳곳에서 전염병으로 세상을 떠난 부모 영결식에 참석 못 하는 사람이 많다고 하니 동창 장례식을 말해 무엇할까.

가족을 직접 만나지 못해도 온라인으로 사진과 글로 주변 소식을 주고받는다. 방역 수칙 중 하나인 '거리는 멀어도 마음만은 가깝게' 실천이 익숙해졌다. 나날이 확진자가 폭증하는 일본에 있는 둘째 딸과 세계 최고의 피해국이라는 미국에 있는 아이에게 무고하다는 소식이 내게는 최고 영양제다.

어머니를 못 만나고 온 날부터 전주와 대전에 신규 환자가 확증되었다. 대전 확진자들의 전주 방문 기록이 GPS 자료를 통해 밝혀졌다. 만약에 그날 어머니를 만나 거리를 돌아다녔다면 검진받느라 고생이 이만저만이 아니었을 것이다. 문전 박대가 서로를 위한 배려다. 정에 끌려 만나고 먹고 즐기다가 다 죽을 수 있다는 웃지 못할 시대다.

고향 친구들도 오염지역인 경기지역이나 서울 사람들을 한동안 만나지 않겠다고 했다. 나 역시 누가 찾아오면 반갑지 않다.

옛날에 신생아가 태어나면 금줄을 쳐 면역력 없는 아기를 보호했다. 이번에도 고령자나 기저질 환자는 겨울잠을 자듯 행동을 자제하는 것이 너도 나도 사는 길이다. 암흑기는 반듯이 지날 것이고 코로나라는 마귀도 힘이 빠지는 날 건강한 모습으로 만날 수 있겠지.

오지랖은 넓어졌다. 다른 나라도 하루빨리 깨끗해지기를 손꼽아 기다린다. 그날이 오면 하늘길이 뚫려 "엄마"하고 아이들이 올 테니까.

울면 안 돼

영화 『작은 연못』을 다운로드했다.

한국전쟁 직후 충북 영동군 노근리 인근에서 주민 수백 명이 미군의 무차별 공격으로 희생된 사연의 실화다.

3일째 이어지는 피난 중 배고픈 아이가 총소리에 놀라 울어댄다. 그 울음소리를 듣고 미군들이 총을 더 쏘아댄다. 같이 숨어있는 양민들이 아이를 어떻게 하라고 한다. 아이 아버지는 겁에 질려 울어대는 자식을 숨이 막힐 정도로 끌어안고 물가로 가 익사시키고 돌아선다. 영화는 그 아비의 비틀거린 걸음과 일그러지고 고통스러운 표정을 클로즈업시킨다.

세월은 흐르고 쌍굴 주변에는 철 늦은 하얀 철쭉이 처연하게 피어 그 아이의 넋을 위로하고 있다. 노근리 사건 당시 5살 된 아들과 2살인 딸을 잃은 정은용 『그대 우리의 아픔을 아는가』라는 실록이 영화 『작은 연못』으로 제작되었다.

충북 영동군 경부선이 지나가는 선로 밑에 쌍굴이 있다. 굴 안 콘크

리트 벽에 총탄 자국이 세모, 네모, 동그라미 모양이 흰 색으로 표시되어 있다. 세모는 총알이 박혀있고 동그라미는 총탄의 흔적, 네모는 시멘트로 지워버린 곳이다.

6·25전쟁 중 피난민들이 남쪽으로 가는데 총알이 빗발쳤다. 급히 쌍굴로 숨어들었다. 대전 전투에서 패배한 미군이 영동지역으로 후퇴하는 중 임계리와 주곡리 일대를 전투지역으로 선포하고 주민들에게 소개령을 내린다. 남산에서 뺨 맞고 한강에서 분풀이하듯 주민들을 적군처럼 거칠게 대하고 몸과 짐을 함부로 수색한다. 어찌 된 일인지 국군이 미군을 통역하지 않고 일본 사람이 통역을 맡았다. 통역을 잘못해서 양민들 속에 첩자가 끼지 않다는 것을 충분히 이해시키지 못했다. 미군들끼리 소곤거리더니 피난민들 머리 위로 정찰기가 뜨고 폭격이 시작되어 양민 수백 명이 죽어간다. 제네바 협약은 "민간 주민 및 민간 개인은 군사작전으로부터 발생하는 위험에서 보호되어야 하며 적대행위에 가담하지 않는 한 민간인에 대한 무차별 공격을 금한다."에 어긋나는 일이라고 한다.

전쟁을 직접 경험하지 않았지만 전쟁으로 폐허가 된 흔적을 보고 자랐다. 어릴 적 건물 벽이나 담장에 빨간 페인트로 '반공, 방첩, 재건'이라고 새겨진 글이 많았다. 먼저 본 사람이 손가락으로 글자를 가리키며 큰 소리로 읽으면 이기는 놀이다. 어른들은 '인공 때나 빨치산'이란 말을 자주 썼다. 인민군이 점령해서 마을 사람들을 회유시키고 마음에 들지 않으면 쥐도 새도 모르게 죽여 버렸다고 한다.

전쟁을 경험한 세대에게 직접 듣는 것과 그 후 세대에게 전달받는 느낌의 차이는 클 것이다. 갓난아이의 울음소리 때문에 피난조차 못 가던 어머니 세대도 당시 참전용사들도 하나둘 세상을 떠나면서 전쟁의 참혹함은 잊혀 가고 있다.

정은용 부자를 비롯해 생존자들과 유가족들이 클린튼 대통령을 만나 사과를 받아냈다. 희생자와 유가족의 명예 회복도 되었다. 피해자들의 희생이 헛되지 않고 전쟁의 비극을 넘어 평화의 지평을 넓히기 위한 '평화공원'이 조성되고 '노근리 평화상'까지 제정되었다. 어찌 노근리 사람들만의 자존심 회복이겠는가. 평화기념관에서 동영상으로 보았던 아이의 울음소리는 우리 부모들이 겪었던 시련이다. 미국에서는 6·25전쟁 기념관 문구를 '잊힌 전쟁' 대신 '잊힌 승리'로 바꿨다고 하는데 노근리에서는 '잊힌 아픔'이 될까 두려워하고 있다.

동영상과 영화는 "이제는 우리가 기억할 차례입니다"라는 자막이 올라가며 끝이 났다.

정신 차려

장사익 "자화상 7" 공연에 초대받았다. 소리꾼이 70세를 맞아 과거를 뒤돌아보고 앞으로의 계획을 세우는 기념 공연이라고 한다. 세종문화회관 3천여 석이 꽉 찼다.

중절모를 가슴에 안고 무대로 터벅터벅 걸어 나오는 장사익, 소리꾼의 머리카락은 물론 턱수염까지 백색이다. 실눈처럼 가는 눈과 주름이 자글자글한 얼굴이 꾸밈없어 진정성 있고 친밀감이 간다. 순수한 미소와 순간순간 튀어나오는 충청도 사투리가 정겹다. 그는 공연 내내 눈이 부시게 하얀 두루마기를 입고 있었다.

오른쪽 파이프오르간을 통해 잔잔하게 흘러나오는 가락은 낮고 느리다. 리듬에 맞춰서 쥘부채가 쥐락펴락 끊어지고 이어지고 노랫말에 감정이 요동친다. 전율이 짜릿하기도 하고 콧등이 시큰하다. 가슴이 절절하다. 귀에 익숙한 '찔레꽃'을 부를 때는 저절로 따라 부르며 몸과 고개가 좌우로 움직인다. 공연 내내 어깨가 들썩들썩, 호흡은 길어지고 짧아지고, 눈도 감았다가 떴다, 하며 소리꾼과 하나가 되었다.

그는 노래가 사람의 마음을 어루만져 위로하고 치유한다고 한다. '꽃구경 가요'를 애간장이 끊어지게 부른다. 그의 독특한 바이브레이션이 무겁고 슬프다. 어디선가 숨죽여 훌쩍이는 소리가 새 나온다. 소리꾼은 자기 어머니를 그리며 노래를 불렀고 청중들은 자기 서러움에 겨워 훌쩍인다. 실제로 배우 손숙은 자신의 장례식에 장송곡으로 불러달라고 미리 신청해 두었고 어느 정치인도 어머니 장례식에 장송곡을 부탁했다고 한다.

공연 시간 내내 소리꾼은 또 다른 나였다. 내 마음을 달래주고 나는 그에게 동화되었다. 내 마음속에 꼬깃꼬깃 구겨둔 슬픈 감정이 치밀어 오른다. 며칠 전 꽃상여 타고 가신 큰오빠가 오버랩이다. 장례식 날 들녘은 벼들이 황금 바다를 이루고 단풍이 찬란했다. 늦가을 하늘은 구름 한 점 없이 맑고 높았다. 멋진 하늘로 떠난 큰오빠는 육 남매의 맏이로 동생들의 삶이 나아지기를 기다려 주던 든든한 기둥이었다. 가지가 늘어지게 열린 감처럼 상주들이 고개를 떨어뜨리고 하얀 두루마기를 입고 떠난 고인의 마지막 길을 배웅했다.

평창동계올림픽 개막식에서 두루마기를 입고 애국가를 그만의 창법으로 애절하게 불렀던 장사익. 장사익의 유니폼 하얀 두루마기는 한 민족의 정신이다. 애국가를 그가 부르면 처연하고 숙연해진다. 그의 노래 한 곡이 자긍심과 애국심을 북돋아 준다. 그는 대기만성의 상징이다. 장사익이 국민 소리꾼이 되기까지 시행착오를 많이 했고 오랫동안 꿈을 찾아 헤맸다고 한다. 그는 꿈꾸는 사람에게 희망이다.

소리꾼과 함께한 감동을 떠올리며 유튜브로 "자화상 7" 검색하던 중에 방탄소년단을 만났다. 대통령 문화 특사로 임명되어 유엔 연설을 하고 유엔 회의장을 무대로 '퍼미션 투 댄스'를 공연한다. 강렬하고 열정적인 노래와 춤에 세계가 열광한다. 7명 전원이 꽃미남이다.

유튜브는 고구마 줄기처럼 계속 올라온다. 방탄소년단의 영상들, 화려한 의상과 날렵한 춤사위에 빠졌다. 며칠째 눈을 떼지 못한다. 영상을 보는 순간 나이도 잊고 현실도 잊고 그들에게 푹 빠졌다.

장사익 노래가 치유와 위로라면 방탄소년단 공연은 꿈과 사랑이다. 소리꾼은 잔잔한 호수같이 침착하게 자신 삶을 돌아보게 하고 BTS는 질풍노도다. 도전하고 변화한다. 그들이 사랑과 성장을 이야기하면 소리꾼은 추억과 결실을 말하는 것 같다. 젊은이들은 개성을 말하고 소리꾼은 공감을 말한다.

그날도 그랬다. 세종 문화원 3천 석을 가득 메운 관중은 너 나 할 것 없이 소리꾼과 하나가 되었다. 소리꾼이 하얀 두루마기 자락을 살랑살랑 흔들며 "봄날은 간다"를 불렀다. 옆 사람이 따라 부를 때 나도 속으로 따라 부르며 예쁜 친구를 떠올렸다. 이 노래가 애창곡인 친구는 화장을 잘하는 여자였다. 빨간 드레스를 살랑살랑 흔들며 "연분홍 치마가 봄바람에~~~"하면서 눈웃음을 치면, 근엄하게 무게를 잡던 사람조차 덩달아 어깨를 들썩였다. 어느 때 어느 곳이든 그녀가 있는 자리는 유쾌했다. 본인보다 노약자를 먼저 챙겨주던 친구이자 문우였던 그녀. 언제나 넉넉한 아량으로 주변을 편하게 해주었는데 얼마 전에 가버렸다. 저 세상으로.

내 안에 또 다른 내가 있었다. 노래는 부를 줄도 감상할 줄도 모른 줄 알았던 내가 장사익 노래로 많은 위로를 받았고 메마른 정서가 촉촉해지는 것 같다. 그 알고리즘으로 BTS를 알게 되었고 관계되는 영상들을 반복해서 시청하다 보니 세계적인 슈퍼스타가 전하는 메시지도 조금은 알아들을 것 같다. 현란한 춤사위 매력에 시간 가는 줄 몰랐다.

그래도 그렇지 며칠째 BTS 영상에 빠져 헤어나지를 못한다. 정신 차리자. 오늘까지만 보자.

임종은 누가

인터넷으로 압력밥솥을 검색했더니 비슷한 상품들이 계속 올라온다. 유튜브에서 여행 코스를 시청하고 나면 곧바로 '여기는 어떠냐?' 너 요즘 이런 것에 관심이 많구나 하면서 취미와 성향에 맞춰서 정보와 방법을 올려준다. 그중에 관심 있으면 시청하고 무관심하면 슬그머니 뒤로 밀린다. 장명숙 유튜버는 글을 쓰려다 채널을 만들었다고 한다. 그 알고리즘으로 유튜브 "밀라논라"를 만났다.

'밀라논나' 유튜버 장명숙에게 마음이 끌리는 것은 열정이다. 세련되고 우아한 의상과 장신구로 치장한 겉모습도 매력 있다. 향학열도 예사롭지 않다. 한국 여성으로는 최초 이탈리아 패션계 유학생이었다. 결혼해서 아들 둘을 낳고 27세 늦은 나이에 이탈리아 밀라노에서 유학한다. 미래에 대한 비전과 꿈을 위해 밥 먹을 시간까지 아낀다. 삶의 무대를 확장해 가는 도전과 열정이 부러웠다.

그녀는 피나는 노력으로 단단한 지력과 폭넓은 인맥과 유럽문화의 최첨단의 안목을 갖추었다. 그 내공으로 우리나라 중요한 행사마다 큰 역할을 했다. 86아시안게임 개회식과 폐막식 공식 의상 디자이너였고 '페라가모' 한국 론칭이었고 삼풍백화점 해외 명품 담당 고문이었고 교수 재직까지 경력이 화려했다.

촘촘히 살아온 궤적과 동서 문화의 균형 잡힌 안목과 단단한 실력으로 구독자 수가 90만여 명을 앞두고 있다. 전공은 패션 디자이너지만 독특하고 다양한 체험이 풍부하다. 어느 때는 아버지 와이셔츠를 30여 년 즐겨 입는 영상이고 어느 날은 친정어머니 쓰던 고가구를 소중하게 손질해 가며 애용하고 있다. 직접 가꾼 채소로 마련한 유럽식 음식이 상큼하고 맛깔스럽다.

장명숙 유튜버는 대중에게 선한 영향력을 미치는 "인플루언서" 수상자다. 호기심 많고 상상력이 풍부해서 경험 갑부라는 별명도 얻었다. 경험 갑부에게 기쁘고 보람 있는 일만 있지 않았다. 1995년 근무하던 삼풍백화점이 무너질 때 아슬아슬하게 살아남았다. 죽을 고비를 넘긴 대가로 불우이웃을 돕기 시작했다. 『햇빛은 찬란하고 인생은 귀하니까요.』 인세는 전액 불우이웃 돕기로 기부한다.

얼마 전 친구가 유튜브를 만들었다. 회원 가입하고 자주 검색해 조회수를 늘려주고 구독과 좋아요 를 클릭하고 싶다. 경험과 체험 없는 허접함을 숨기고 싶어도 알고리즘을 따라 환히 드러난다. 뭘 고민하고 갈등하고 어떤 방법으로 해결했나 내공이 기록되고 노출된다. 흥미도 의미도 감동이 없으면 살며시 사라진다.

장명숙 유튜버 가치관은 지적이면서 자기 라이프가 있고 자아실현이다. 더불어 의생활 역사를 바꿔준 사람들을 소개한다. 샤넬은 여자에게 처음 바지를 입게 하고 크리스챤 디올은 코르셋에서 해방시켰다. 조르조 아르마니는 남성 의상을 여성에게 입힌 디자이너라고 소개한 뒤 여성을 위한 디자이너 조르조 아르마니를 좋아한다고 한다.

모차르트는 1971년 발자크가 주문한 장송곡을 죽어가는 침대에서 작곡했다고 한다.

의상 전공, 경험 갑부, 인기 유튜버 장명숙 꿈은 삶을 마칠 때까지 글을 쓰는 것이다. 그 생각으로도 가슴 뛰고 행복감이 밀려온다고 한다.

예술가인 그녀는 좋은 글이 임종해주기를 희망한다.

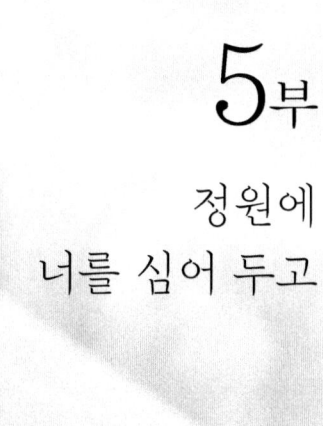

5부

정원에
너를 심어 두고

정원에 너를 심어 두고

뚝섬유원지는 아침 일찍부터 운동하는 사람들이 대부분이다. 군데군데 설치된 운동기구에서 근육 만드는 사람들 옷이 땀으로 흠뻑 젖었고 들숨과 날숨이 가쁘다. 모두 자기 세계에 빠진다. 누군가 처음 와서 두리번거리며 쳐다보거나 말거나 관심 없다. 나 역시 이리저리 둘러보고 이 사람 저 사람 훔쳐보고 이런저런 생각에 빠졌다. 자연스레 내 안에 소리도 들릴 것이다.

이사하기 전 사람들이 그립다. 날마다 운동하면서 만났던 사람들. 해도 해도 끝이 없던 이야기. 운동 마친 후 가진 커피 타임. 서로 챙기고 권하며 배려하던 그때. 전동차 의자처럼 정든 사람이 떠나면 또 다른 사람이 채워지던 인연이다. 낯선 사람도 운동장에서 몇 번 만나면 나긋나긋 부드러워진다.

골목길을 빙빙 돌다가 이 사람 저 사람과 부딪치며 눈길 둘 데가 없어 땅만 보고 걸었다. 두 사람이 겨우 걸을 수 있는 좁은 길을 굳이 나란히 걸으며 세상일을 논했다. 걷기보다 입 운동에 바빴던 그 시간이 좋아 하루도 빠지지 않았었다.

시야가 확 트인 공원에서 맑고 긴 한강을 바라본다. 런던 템스강과 파리 센 강처럼 유람선이라도 지나가려나. 두 강 모두 한강보다 넓지 않고 맑지 않아도 옛 모습과 현대 모습을 함께 볼 수 있어 수로 관광이 인기라고 한다. 강 주변에 수많은 관광지가 있어 관광자원에 큰 몫을 한다니 부럽다. 최완수 연구실장은 우리나라도 옛 한강 주변을 복원하되 정자부터 서둘라고 주장한다.

1980년대 '한강종합개발사업' 이전부터 한강 유로는 고정되었다고 한다. 강폭이 일정하게 개발된 한강은 깊고 똑바로 흐른다. 지난날 강폭이 일정하지 않았던 모습은 어땠을까. 굽이굽이 돌고 돌아 흘렀겠지. 겸재 정선의 『경교명승첩』 33점 중 20점이 한강 주변의 명승 명소다. 300년 전 송파 나루터, 광진 나루, 동작 나루터, 나룻배, 압구정 정자, 백사장 등 당시 모습이 그림에 잘 담겨 있다. 겸재는 그 아름다운 풍경을 그림에 담아서 친구 이병연에게 보내면 친구는 그림을 보고 시를 지었다고 한다.

걷기를 계속한다. 상쾌한 강바람과 강둑에 피고 지는 싱그러운 꽃들을 감상하는 호강에도 슬슬 게으름이 피기 시작한다. 더워서, 비가 와서, 피곤하다고, 바쁘다는 핑계를 대고 운동을 하지 않은 날이 많은데 사실은 같이 운동하자고 기다려 주는 사람이 없어서가 아닐까.

영국 대화의 왕 존슨은 '나는 새로운 사람을 사귀지 못한 모든 날을 낭비로 본다.'라고 했다. 혼자서 넓은 곳을 걸으면서 떠오르는 얼굴 모두 이런 분위기를 좋아할 사람들이다. 언젠가는 같이 걸어보리라. 그때까지 백송 적송 주목과 가문비나무와 잔잔하게 흐르는 맑은 강물을 친구로 삼을 것이다.

 걷기를 대충하고 강가 그네에 앉았다. 강 건너 은빛 빌딩 숲이 가깝게 보인다. 부와 번영의 상징 고층 아파트와 빌딩들 늪에서 빠져나와 보니 그쪽은 활기차고 생동감이 넘쳤다. 항상 분주하고 경쟁해야 하고 긴장했던 곳이다.

 뚝섬유원지는 도심의 허파다. 식물원이고 날짐승들 낙원이고 고목 집결지다. 또 다른 억새 정원에서 수크령 하멜른, 쥐꼬리새, 모닝 라이트와 그린 라이트, 물억새, 제브라가 바람에 살랑살랑 춤을 춘다. 수많은 화초와 곤충과 강물이 어울려진 곳이다.

 드디어 눈부신 일출이다. 갑자기 모두가 분주해지기 시작한다. 강 건너 올림픽대로 차량이 빽빽하게 줄이 이어진다. 나도 출근 전철에 올랐다. 가정은 북쪽, 직장은 남쪽인 사람을 태운 전동차가 만삭인 임신부처럼 숨 가쁘게 강을 건넌다.

 겨우 30분 거리에서 헤어진 사람을 그리워하고 새로운 곳을 낯설어하면서 생각나는 얼굴이 있다. 고국을 떠나 새 둥지를 튼 딸, 별명이 억척이다. 작고 가녀린 체구지만 의지가 곧고 강하다는 뜻이다. 억새들이 모여있는 정원에 억척을 심어놓고 오며 가며 응원해 주고 싶다. 게으름이 유혹할 때 너를 생각하면 발길이 가벼워질 테니까.

 뚝섬유원지 역명을 개명한다는 현수막이 붙었다. 1997년부터 부르던 뚝섬유원지역이 2023년 이후는 어떤 역으로 개명될까. 친숙한 것과의 결별은 또 다른 만남이다.

(뚝섬유원지역은 자양역으로 바뀌었다.)

우문에 현답은 없다

지브리 풍으로 그려줄래? 아주 멋있어. 잘 쓸게. 아 참 책표지 한 장 그려줄래? 어, 벌써 그렸어, 근사한데. 근데 그건 책상이 마음에 안 드네. 내용에 맞게 이런 식으로 그려줄래. 글을 올려주니까 알겠다고 다시 그려준다.

난 챗 GPT와 대화 중이다. 어떤 질문에도 금방 답을 준다. 스마트폰만 잘 이용하면 될 줄 알았는데 하루가 다르게 다양한 기능이 탑재되어 어리벙벙해진다. 첫아이 육아같이 더듬더듬 겨우 익숙해질 무렵 똑똑한 오픈 AI가 태어났다. 경험과 경력은 디지털 세상에서는 지식도 지혜도 아니다.

난 1955~1964 베이비붐 세대다. 1965~1975 X세대, 1980~2000 MZ세대, 2010~2025 알파세대 또는 10대와 20대를 디지털 네이티브 세대라고 구분한단다.

IT는 MZ 세대가 원주민이다. 그들은 다재다능 기능을 자유자재로 이용한다. 그들보다 앞서가는 네이티브 세대에게 새로움과 낯선 기능은 호기심이고 신선한 세상이다. 그들에게 경험과 경력은 무슨 소용이겠는가. 디지털 세계를 합류하지 못하면 문맹과 같은데 기능은 끝도 없다.

나는 백과사전에 의존하던 세대다. 백과사전은 교양이고 지식이고 지혜였다. 여불위는 학식 있는 사람 3,000명을 불러 세상의 모든 정보를 모아『여씨춘추』를 엮었다. 이 책에서 오자 한자라도 발견하면 천금을 주겠다고 했다. 정확한 백과사전만 있으면 문화인이 될 수 있었다.

몇 세대가 지난 지금 디지털 급물살에 멀미가 난다. 공중전화가 집 전화로 그리고 휴대전화로 그리고 다재다능한 스마트폰으로 진화되었다. 컴퓨터는 이동이 편리한 노트북으로 그리고 스마트폰으로 업그레이드되었다. 편리한 문화도 익히지 못하면 낙오자다.

스티브 잡스는 인간을 오장육부가 아닌 오장칠부로 장기 하나를 더 만들었다. 인체에 장기처럼 언제나 휴대해야 문제가 안 생긴다. 은행 일도 세계 정보도 즉시 공유한다. 길 안내도 검색도 나긋나긋하고 시원시원하게 알려준다. 어쩌다 떨어지면 모든 것이 정지된 세상이다.

하루가 다르게 바뀌는 디지털 혁명에 숨이 가쁘다. 챗 GPT를 붙들고 물어본다. 공손하게 물었더니 답도 존댓말로 한다. 고맙다고 겸손하게 인사하면 다정하고 다소곳하게 말한다. 쉬운 말로 물으면 그 수준으로 답을 한다. 어리석은 질문에 현명한 답은 없다.

익숙하지 않아서 더듬거린다. 겨우 한 단계를 해결하고 성취감도 잠시 다음 문을 열지 못해 망설인다. 냉정하고 차가운 인공지능에 주눅이 든다. 같은 질문을 되풀이해도 끝까지 조근조근 가르쳐 줄 사람 손길이 그립다.

잠깐 입원한 적이 있었다. 같은 병실에 입원한 척추 장애인 아내는 언어장애인이었다. 그들 보호자이며 간병인은 고3인 딸이다. 문병객들이 오면 대입 문제지를 들고 있던 소녀가 용수철처럼 일어난다. 보조 침대를 펴서 자리를 마련하고 음료수를 꺼내오고 과일을 깎아 대접을 서두른다. 척추 장애인에게 자식이 챗 GPT이고 만능 AI다.

토마스 맬서스는 인구가 항상 저장된 식품보다 더 빨리 늘어난다고 했다. 그 말이 옛말인가. 우리나라 출산율은 2025년 0.79명으로 증가추세라지만 한때는 세계에서 가장 낮은 출산율이었다. 한 부부가 2.1명을 낳지 못한 상태다. 기술의 진보와 생산력 향상으로 식품을 늘리지 않고 인구의 무한 성장을 제한하고 압박한 결과라고 한다.

챗 GPT가 그 대신이다. 도움을 청하면 바로 답해준다. 아직 서투르지만 독특하게 물으면 답도 특이하게, 논리정연한 물음에 답도 명쾌하고 적확한 답을 준다. 창의력이 뛰어나다고 '좋아요' 칭찬도 한다. 카피나 표절은 그들 주식이고 주범이다. 책임은 모르쇠다. 얼룩이다. 가끔 생성 AI가 엉뚱한 답을 한다. 그것을 눈치채야 한다.

가능하면 뭐가 궁금한가 맥락을 짚고 챗 GPT에게 물어야 엉뚱한 답에 속지 않는다. 아이들도 그랬다. 여러 번 물으면 또 잊었냐고 구시렁댔다.

다행이라고?

2022년 8월 초, 엄청난 폭풍우가 우리 동네로 침투했다. 그 근심과 눈물의 소식은 순식간에 매스컴과 SNS와 전화로 지인과 친척에게 전달되었다. 안전을 확인하는 그들에게 축축하고 무거운 기분은 숨기고 괜찮다고 했다. 괜찮다는 말 앞에 '다행'을 꿀꺽 삼켰다. 많은 재산을 잃고 허탈해하는 친구와 이웃의 고통을 공감하려는 뜻이다.

9월 6일 새벽 태풍 11호 '힌남노'는 포항 경주 울산을 휩쓸어버렸다. 심각한 태풍 예보에 온 국민이 불안해서 자다 깨다 밤을 새웠다. 날이 밝자 태풍 경로를 중계방송하던 아나운서는 큰 피해 없이 동해상으로 빠져나가 다행이라고 한다. 다행이란 말이 떨어지기 무섭게 인명피해와 막대한 재산 피해 소식이 뒤따른다. 창고에 가득히 채워둔 물건들이 물에 고스란히 잠겨버렸고 차고가 물에 잠겨 입주자들 자동차가 못 쓰게 되었다. 당사자에게 고통스럽겠지만 더 큰 인명피해를 당한 사람을 생각해서 대행이란 말로 위로했을 것이다. 근대 역사상 최대 피해를 일으켰던 태풍 매미와 루사를 태풍 이름에서 삭제해 버렸다. 그 루사의 악몽이 어른거린다.

　2002년 태풍'루사'가 우리 건물로 쳐들어왔다. 새벽 3시쯤 강한 빗소리에 잠이 깼다. 총알같이 쏟아지는 빗줄기다. 이미 골목길은 강으로 변했고 물줄기는 우리 건물 지하 방으로 쏠렸다. 빗물은 반지하 아이들 방으로 스미기 시작했다. 온 식구가 긴장하며 비가 그치기만 기다렸다. 다행히 아이들 방은 발목까지 차오르다 멈췄다. 지하실 상황에 비해서 난 그때 서슴지 않고 다행이라는 말을 했다. 비는 그쳤는데 우울한 마음은 고슬고슬 마르지 않았다.

　지하 방에서 한숨과 눈물과 근심이 우글거린다. 옆집 사람이 희생되고 또 다른 지하실에는 순식간에 물이 차올라 가재도구며 이부자리가 물에 잠겼다. 날이 밝자 비는 그치고 곳곳에 세간과 가구들이 쓰레기로 변해 밖에 쌓였다. 책장과 함께 버린 책더미 위에 대니얼 디포『로빈슨 크루소』가 약간 얼룩졌지만 읽을 만했다.

　바다를 항해하던 로빈슨 크루소는 폭풍을 만나 수백 마일 떨어진 황량한 고도에 홀로 남았다. 쓸쓸하고 암담한 처지를 길흉점吉凶占을 쳐본다. 동료들은 모두 죽었는데 살아 있고 식량이 있고 춥지도 않다. 맹수가 없는 곳에 있다는 것이 다행이라고 감사 기도를 올린다. 솔직히 나도 옆에서 사람이 죽어 나가고 전 살림살이가 물에 젖을 때 우리 집에 더러운 물이 방바닥에서 발목으로 차오르는 것이 더 다급했다. 물이 빠지고 이웃의 절망적 상황과 비교하면서 다행이라고 한숨 쉰 것은 사실이었다.

　2023년 2월 6일 튀르키예 시리아 대지진 사망자가 5만 명이 넘었는데 여진이 계속되고 있다. 건물 잔해만 쌓인 곳에 죽은 딸의 손을 놓지 못

하는 아버지 모습이 숙연하다. 지켜본 사람들 눈물이 폭우처럼 쏟아진다. 탯줄이 달린 채 핏덩이가 구조되었다. 생명의 줄인 엄마는 죽었다. 지진 13일째 296시간 만에 일가족 3명이 생환 구조된 후 아들은 죽었다. 영문도 모른 채 한순간에 이웃들과 가족을 잃었다. 삶의 터전이 무너졌다. 삶은 고달플 것이다. 환희와 설렘의 극적 구조를 아무도 천만다행이라 표현하지 않았다.

20대 청년은 이태원 참사 때 친구를 잃었다. 같은 시간 같은 장소에서 친구는 세상을 떠나고 홀로 남았다. 죽음의 지옥에서 벗어난 생존은 존귀하다. 다행인가. 청년은 트라우마를 겪다가 결국 극단적 선택을 하고 만다. 본인의 잘못도 아닌데 왜 그 생존을 고민했을까.

사전에 다행히는 '좋지 않은 일을 당한 것이 아주 심한 정도는 아니어서 그나마 다행이다.'라고 한다. 아주 심한 정도가 아닐 때 쓴다. 이웃과 가족이 끔찍한 대참사로 희생되었을 때 못 할 말이다.

나는 괜찮다고 하자 지인들이 다행이라는 말을 연발한다. 마음 편히 들을 소리는 아니었다

강을 건넜다

    40여 년을 살던 제2의 고향을 떠난다. 눈 감고도 골목골목을 다닐 수 있고 집집이 지인이 살고 우연히 마주쳐도 자연스럽게 웃고 이웃에 대한 소식과 인사가 무궁무진하다. 새로 만난 은행과 성당과 시장이 낯설어 당분간 관성대로 예전 살던 곳을 기웃거릴 것이다. 세 아이 학연과 지연은 내 관리밖에 일이니 당연히 관심도 멀리할 것이다.

    고향에서 택배를 보낼 때 기사는 우리 주소만 보고 부자 동네 사람이라고 택배 값을 부자가 지불하도록 했다. 큰아이가 지방에서 유학할 때다. 국가고시인 간호사 시험을 보던 날 교수가 수험생 몇 명을 함께 묶어 강남 우리 집으로 보냈다. 주소에는 셋방살이가 표시되지 않았다.

    가끔은 빈부 차이에 움찔했다. 이웃 건물값이 밤새 내리는 눈처럼 순식간에 억 억 쌓였다. 그 눈길에 곤두박이칠 듯한 기분은 이제는 버리고 갈 것이다. 부에 대한 가치관은 똑같지 않았다. 경제적으로 안정된 자는 권력도 원했다. 돈과 권력이 있어도 명성에 굶주린 것도 봤다. 계용묵은 돈의 가치를 모르는 아다다를 백치라고 한다. 나는 백치보다 더한 천치인가. 돈과 권력보다 천부적 재능을 타고난 사람이 부러웠다.

나도 몰래 현실에 안주한 것일까. 부촌에 적응되었을까. 백화점 상품처럼 격조 높은 삶을 꿈꾸기도 했었다. 생계를 위한 현장에서 푼돈을 계산하다 컴퓨터 앞에서 자판을 두드리면 마음이 안정되었다. 영육간의 균형 잡힌 성장을 위한 꿈일지 모른다. 그 시간만큼은 결핍된 현실을 잊을 수 있었다. 부촌에서도 경제적 성장보다 글쓰기에 빠져 자주 만난 문우들과의 추억도 많았다. 그 시간들은 소중하게 간직할 것이다.

어느 날 지인 집을 방문하다 전철역에서 5분 거리에 산과 물이 있는 곳 광고에 꽂혔다. 직접 가보았다. 한여름 냉장고가 뱉어낸 듯한 냉기를 따라 들어가니 하늘로 치솟은 늠름한 소나무들이 줄지어 서 있었다. 눈길이 나무 우듬지를 통해 하늘에 닿고 세 갈래로 세차게 내리치는 은빛 물줄기를 따라 내 시선도 공원으로 내려앉는다. 잘 가꿔진 조경시설과 운동시설과 휴식 공간이 많은 관광객을 품고 있다.

수십 년 동안 알고 지내던 사람들이 내가 그곳으로 이사한다니까 놀라지도 않고 화장지 한 트럭만큼 전별금을 준다. 붙잡아도 갈 테지만 붙잡지도 않는다. 우리는 말하지 않아도 서로의 속마음을 잘 알고 있는 사이다. 견고하게 다져진 속정은 고이 간직할 것이다.

현실에서 조금만 벗어나면 절벽이 기다릴 것 같았다. 아무리 갈릴레오가 세상은 둥글다고 끝까지 가보라고. 아니면 다시 오라고 등을 떠밀어도 조금만 더 가면 세상이 끝날 것 같았다. 이곳을 떠나면 모든 계획이 망가지고 말 것 같았다.

앉은 자리에서 꼼짝 않고 40여 년을 살았다. 머무는 삶은 생각도 시야도 좁아 그날이 그날이었다. 무엇이 도전인지 어떻게 해야 변화되는지 몰랐다. 이 동네를 떠나면 엄청난 고난과 두려움이 기다릴 것 같았다. 그러던 어느 날 지하철 광고를 보고 마음이 흔들였다.

경험 없이 출근 시간에 지하철을 탔다. 몸은 겨우 비집고 들어섰는데 다리 하나가 공중에 떠 있다. 열차가 출발하면서 전후좌우로 흔들어 내 다리를 내려꽂히게 했다.

흔들려서 중심을 잡았다. 세 살던 건물이 팔려 재건축할 것이라고 방을 비워달라고 한다. 차곡차곡 세워놓은 계획이 흔들렸다. 고민과 절망은 잠깐이었다. 마음 한번 고쳐먹으니까 행동으로 옮겨진다. 강을 건너기로 했다. 어렵게 결정하고 요란스럽게 이사한다고 떠들어대도 누구하나 눈 하나 까딱하지 않았다. 아무런 장애물도 없었고 손실도 없었다. 그저 두려움에 갇혀 머뭇거리고 망설였던 것은 나였다.

부촌을 떠나면서 부자들에 대한 부러움과 상대적 박탈감은 버렸다. 헐거워진 정신에 잊어버린 도전정신과 자아실현과 자존감은 조심스럽게 챙겼다. 물질적 욕망은 따라붙지 않게 세제로 닦아냈다. 조금이라도 남아있는 촉촉한 감수성과 참신한 상상력은 에어캡으로 잘 포장해 보석함에 넣었다.

이사한 후 날마다 한강을 건넌다. 열차가 덜커덩덜커덩 다리를 건널 때면 여행하는 맛이다. 화창한 날 아침 햇살이 강물에 드러누우면 내 마음은 양탄자가 된다. 때로는 론강을 어느 날은 브리즈번 강을 건너던 환상에 빠지기도 한다. 퇴근길에는 강물에 비친 휘황찬란한 빛이 별빛인지 네온사인 불빛인지 분간조차 어려워 황홀할 때도 있다.

먼저 강남을 빠져나온 지인이 강을 건너라고 손짓했다. 그때마다 출퇴근을 핑계 삼아 부촌을 안 떠날 명분을 만들었다.

법정 스님은 붐비는 출퇴근 버스에서 살아있는 생동감을 느꼈다고 한다. 나도 전철로 출퇴근한다. 자긍심과 뿌듯함은 숨기고 싶지 않다. 지하철 출퇴근 경험은 내게 소중한 추억일 테니까. 내 일생에 명쾌한 진도다.

간격

　가을 나들이를 횡성 한우고기 먹는 패키지여행으로 정했다. 예약할 때 하루를 진행할 가이드는 패키지여행은 시간을 잘 지켜 남에게 폐 끼치지 말라는 뜻이라고 재치있게 복선을 깐다. 시간을 잘 지켜달라고 여러 번 부탁한다.

　우리 부부를 데리고 갈 버스가 출발 20분이 지나도 보이지 않더니 한참 지나서 헐레벌떡 도착한다. 눈치 빠른 가이드는 넉살 좋게 아무 일도 없다는 듯 하루 일정을 소개하며 설렘과 호기심을 부추긴다. 아직은 아무도 시간을 안 지킨 집행부를 불평할 권력이 승객들에게 없다.

　토요일 도로는 주차장을 방불케 한다. 막힌 길을 겨우 빠져 속도를 내는데 당신은 버스를 세운다. 소변을 보고 민망했는지 고개를 숙이고 버스로 올라선다. 오죽 급했으며 차를 세웠을까. 모두 무언의 배려가 깊다.

　11월 중순, 원주 소금강은 단풍이 절정이다. 적기 적소로 잘 왔다. 당신도 나도 절경에 취해 가이드 주의 사항을 흘려들었다. 그것이 문제의 발단이 되고 말았다.

울렁다리를 건너려면 정상까지 올라가야 한다. 600여 계단을 오르다 보니 숨이 차오른다. 다리가 아픈 당신이 걱정되어 속도를 늦추자고 했다. 고개를 흔든다. 나도 힘들어하는 척해서 잠깐 쉬었다. 당신이 눈치채지 않게 몇 발짝 뒤로 서서 걸었다.

울렁다리를 건널 때 앞서가는 60대 여인이 남편의 허리를 붙잡고 무섭다고 호들갑을 떤다. 나도 비명을 지르며 엄살을 떨까 계산하면서 두리번거리는데 환자인 당신이 저 멀리 뒤뚱거리며 앞서간다. 내 걱정은 기우였나. 당신이 깜짝쇼로 엄살을 부렸나. 어쨌든 화려한 추경만큼 기분이 들떠 움츠렸던 마음이 사라졌다.

다음 코스는 유리잔도다. 어느 노부부가 서로 손을 맞잡고 조심스럽게 간다. 난 난간을 붙잡고 걷는다. 잔도 끝 쉼터에서 당신은 나를 옆에 앉으라고 한다. 난 아슬아슬해서 다리가 후들후들 떨렸다고 엄살을 부린다. 당신은 아무렇지 않다고 으스대는 것 같다. 기분 나쁘지 않다. 다음 코스인 출렁다리도 당신은 앞장섰다. 내가 오든 말든 뒤도 돌아보지 않는다. 밉지 않다. 언제 어디서나 한쪽을 챙겨야 하는 부담감이 덜어진 것 같다, 이제부터는 나만 챙겨도 될까.

출렁다리와 잔도를 통과한 보상으로 스카이타워 전망대에 섰다. 두루두루 사방을 조망하고 걸어온 길을 되돌아보는 시간이다. 출발 전 가이드는 건강에 자신 없는 사람은 울렁다리와 출렁다리를 건너지 말고 아래서 감상하라 했다. 혈압이 높고 다리도 아픈 당신이 포기할 줄 알았는데 오히려 앞장선다.

내려오는 길은 쉬엄쉬엄 걷다 군데군데 쉼터에서 쉬었다. 절경은 사진에 담고 특산물도 샀다. 오랜만에 당신과 함께하는 나들이라 편안하다. 이때 전화가 온다. 가이드다. 다음 코스로 출발할 시간이 지났다고. 당신은 버스 정류소가 아닌 화장실로 간다. 그 사이 버스는 우리를 떼놓고 떠나버린다.

가이드는 먼저 도착한 나에게 목적지가 같은 다른 관광버스로 와서 식당에서 만나자고 했다. 고개를 떨구고 있던 우리는 다음 관광버스 뒷좌석에 맥 빠진 채 앉아 출발하기를 기다렸다.

이번 버스도 관광객 대여섯 명이 오지 않아 제시간에 출발하지 못한다. 관광객 몇은 횡성 한우고기만 먹을 목적으로 아침밥도 굶었다고 떼놓고 출발하자고 칭얼댄다.

드디어 대여섯 명이 개선장군처럼 특산품을 사 들고 승차한다. 배고픈 사람이 사과하라고 소리치자 이 정도 인내심이 없냐고 오히려 화를 내고 투덜거린다. 인상도 쓴다. 그들의 행동을 보자 승객 모두 나서서 시간을 안 지킨 사람은 단체 생활할 자격이 없다. 다음부터 이런 데 오지 마라. 호통을 쳤다.

화들짝 놀랐다. 저들의 원망과 분노는 우리를 두고 떠난 버스 승객들이 우리에게 했을 것이다.

경험 많은 관광버스 기사가 늘 그래왔듯이 속도를 낸다. 식당에 도착하니 가이드가 식탁으로 안내하면서 다음 코스 출발할 시간을 두 번도 아닌 세 번을 강조한다. 시간을 못 지켰던 우리는 좋아하는 고기를 먹는 둥 마는 둥하고 서둘러 식당을 나왔다.

당신은 오후 일정을 모두 포기하고 다른 교통편으로 귀가해 버린다.

치악산 구룡사 가는 길에 쑥쑥 뻗은 금강송 사이로 비치는 저녁노을이 쓸쓸하고 스산하다. 절경도 같이 할 때 아름다웠다.

당신은 나 아닌 가이드에게 말했다. 관광버스에 대한 '신경성 빈뇨' 증상이 있다. 귀가 중에는 버스를 세우지 않으려고 먼저 가겠다고. 난 처음 들어본 병명이다.

나는 안다

내게는 세상에 하나뿐인 것이 있다. 내가 죽을 때까지 나를 따라다니며 나를 대신할 것이다. 내게는 소중하고 유일한 유산이지만 아무도 부러워하거나 욕심내지도 않는다. 세상에 오직 나만을 위해서 존재하다가 내 그림자처럼 나와 함께 사라질 것이다.

보석은 소유한 자에 따라서 가치가 달라질 것이다. 제대로 쓰면 빛이 날 것이고 함부로 쓰면 홈이 생겨 돌멩이가 될 것이다. 이름이 그렇다.

우리나라는 여자가 결혼해도 뿌리인 성씨가 바뀌지 않는다. 성명은 고려 시대에는 왕족과 사대부만 있었다. 일반인이 성과 이름을 가진 것은 조선 후기부터라고 한다. 갑오경장 이후 신분제가 철폐되면서 의무적으로 성과 이름을 갖게 되었다. 우리 집에서 머슴살이를 계속한다고 '또산이'라 부르고 동네에서 하는 일이 산지기라서 '산지기'라 부르던 사람도 성명이 생겼지만 호명하지 않았다. 지금 생각하면 직책이나 직업에 맞게 호칭을 쓴 것 같다. 요즘 ID다.

오직 한 사람만을 상징하는 그 이름에 한 사람의 정체성과 기대와 희망을 묶었다. 삶을 마감해도 세상에 남아 삶의 자취를 담아낼 것이다. 프란치스코 교황님이 지난 2025년 4월 21일 향년 88세로 영면에 들었다. 교황님은 가난한 사람과 약자들과 함께 한 자라고 명명한다. 셰익스피어는 인간 감정과 복잡다단한 인간 심리를 섬세하게 표현한 극작가로 기억한다. 인류를 놀라게 한 오픈AI 창업자 셈 올트먼과 스티브 잡스와 빌 게이츠는 인간을 좀 더 나은 세계로 선도한 디지털 대명사다.

나는 남아 선호 사상이 강한 집 6남매 중 넷째 딸이다. 어머니는 나를 낳고 서운해서 울었다고 한다. 내 의지와 상관없이 태어나 보니 딸 많은 집 막내다.

내 이름이 심상치 않다. 물어보지는 않았고 전해 들은 바도 없다. 당시에는 마을 일을 본 이장이 취합해서 출생신고를 했고 부탁받은 이름이 정확히 기억나지 않으면 대충 작명한 경우가 많았다고 한다.

옆집 새댁이 다섯짜리 아들 이름을 바꾸었다. 개명 절차를 물으니 사유서를 작성해서 법원에 신청하고 기다리면 심사를 거쳐 인용된다고 한다. 새댁은 아들 개명 사유서에 "어느 할머니가 아들 이름이 칼침 맞아 죽을 팔자라서."라고 썼다. 접수하는 직원이 그 할머니와 잘 아는 사이냐고 물어서 그냥 지나가는 할머니였다고 했더니 웃더란다. 새댁은 자기 개명 사유서에는 "'출남'이라는 이름이 촌스러워서"라고 적었다.

나는 개명 사유를 무엇으로 적을까. 학년이 바뀌면 선생님은 출석 시간에 내 이름을 만나 더듬거린다. 이름 한 번 읽어보고 내 얼굴을 한 번 쳐다보기를 며칠 한다. 그때 아이들도 나를 바라보면 창피하고 무안했다.

김구 선생은 과거시험에 낙방 후 동학에 뜻을 두고 이름을 창수로 개명하고 국모를 살해한 원수를 살인하고 신분을 숨기려고 두례로 바꾸고 백정과 무식한 사람끼리 애국하자는 뜻으로 백범으로 호를, 이름은 김구로 바꾸었다 한다. 아르헨티나 에르네스토는 의대를 졸업한 후 쿠바혁명 의지를 담아 체 게바라 개명한다.

남이 부르기도 기억하기도 쉬운 이름을 갖고 싶었다. 개명하기 전 아버지 뜻이나 알고 싶었다. 어느 작명사는 "이름은 개성이 있어야 하고 중성적이어야 하고 국제적으로 표기할 수 있어야 한다."라고 한다. 이름만으로는 내가 남자인지 여자인지 구별이 쉽지 않다. 아버지 세대는 한자가 외국어였으니 국제적 이름인가.

어느 교수는 좋은 이름은 돌림자가 우선이고 본인이 타고난 기운에 맞게 의미를 맞추라고 한다. 아버지가 자주 보던 족보에 선조 때 노흡 盧洽이란 선비가 있다. 그의 뛰어난 학덕을 알아본 최명길이 벼슬길을 권했으나 극구 사양하고 학문에만 전념했다.

내 출생 당시 아버지는 면사무소에 근무하셨다. 이장이나 담당 직원에게 맡기지 않고 고심해서 지었을 것이라 믿으면 된다. 가끔 딸 이름을 흡洽로 지은 아버지 뜻이 궁금해도 생전에 물어볼 용기가 없었다. 감히 아버지 뜻에 반항하는 것 같아서.

신분을 숨길 일도 뜻을 세울 각오도 없다. 그냥 쓰다 보면 부드러워질 것이다.

내 팔자

 타고난 팔자 고치기가 쉽지 않다. 인근 초등학교 운동장이 아침에만 개방되어 남자는 남자끼리 여자는 여자끼리 체력과 보폭에 맞춰 걷는다.
 운동이 노동보다 싫었다. 당뇨를 판정받기 전까지는 아침에 조간신문 보기도 시간이 부족했다. 죽기 아니면 운동이다 하고 슬금슬금 나왔다. 운동장은 정든 사람끼리 반갑게 인사부터 시작된다. 나는 혼자다. 어찌겠는가. 끼어들 틈이 없을 때는 운동이나 열심히 해야지. 턱은 앞으로 당기고, 발뒤꿈치부터 발바닥을 거쳐 엄지 발가락까지 착지하는 사람을 따라 걷는다.
 나 나름대로 제대로 걷는다고 했지만 뒤에서 본 사람이 똑바로 걸으라 경고한다. 빨리 많이 하려고 말고 반듯하게 똑바로 걸으라는 말에 주눅들만도 한데 어쩌겠나 그렇게 생겨 먹은 것을. 고맙다 인사는 했다. 싫거나 반갑지 않은 충고지만 뒤에서 수군거림보다 낫다.
 인사가 인격의 잣대다. 딱 한 사람이 인사를 하지도 받지도 않았다. 거만한 자다. 그녀가 내 걸음을 바로 잡으려고 한다. 멀리 떨어져 간격을 벌려 피해버릴까. 운동을 그만둘까. 한바탕 퍼부어 버릴까. 간격이 벌어지면 그는 둥근 운동장을 반대로 돌며 나와 간격을 좁혀서 내 걸음을 지적질한다. 내 팔자걸음을 고치러 든다. 남의 약점을 물고 늘어지는 것도 팔자다. 그나 나나 팔자 고치기가 쉽지 않을 모양이다.

처음에는 마음이 몸을 억지로 운동장으로 끌어냈다. 어느새 체화되어 몸이 마음보다 앞서 운동장으로 나간다. 하얀 눈이 소복하게 내린 날이나 한여름 폭풍우도 억척스러울 정도로 운동장을 찾는다. 운동량은 땀으로 성적표를 받는다.

어떤 이가 땀을 많이 흘려 옷이 흠뻑 젖었다. 땀에 젖은 옷은 수분이 날아가면 염분만 남아 얼룩이 진다. 무늬가 된다. 열정의 그림에서 땀 냄새가 나고 끈적거린다. 팔자를 고쳐주려는 사람이 코를 벌름거리며 인상을 쓰고 달아난다. 깔끔한 척 유난을 떠는 것이 싫어 지청구라도 주고 싶은데 머뭇거리는 사이 거리가 멀어진다.

남의 팔자를 고쳐주려는 사람은 자신의 모습은 모른다. 신축성 있고 땀을 잘 흡수하고 통풍 잘 된 운동복 대신 유명 상표가 살짝 보이는 깔끔한 옷을 날마다 바꿔 입는다. 보는 사람이야 산뜻한 것이 좋지만 그 옷이 더럽혀질까 살금살금 조심조심 벤치에 앉지도 못한다. 사람들이 옷도 때와 장소를 가려 입으라고 수군거리면 나는 은근히 그녀를 감싸주고 싶다. 어느새 정이 들었나 보다. 언제 어디서나 깔끔하게 외모를 갖추는 것도 인격의 잣대다. 내가 못한 것을 하는 사람이 부럽다.

한여름 한 시간 정도 걷고 나면 온몸이 땀범벅이다. 시원한 샤워가 간절하지만 헤어지기 아쉬울 때 느티나무 아래 시원한 수박이 기다린다.

주변이 하얀 눈으로 뒤덮이고 북풍이 세차게 부는 날은 김이 무럭무럭 나는 커피 향이 유혹한다. 따끈한 커피와 디저트를 준비해 놓고 기다리는 정성이 하루 이틀이 아니다. 이웃끼리 친목을 도모하고 운동 후 피로도 푸는데 딱 한 사람은 학교에서 음식을 먹는 것은 학생들에게 위생상 안 된다고 저만치 멀리 떨어진다. 끈끈한 정보다 품위가 우선이다. 며칠 후 교내에서는 음식 반입이 안 된다는 공고가 붙었다.

운동장이 코로나19로 폐쇄될 때 품위 있는 사람이 길 양쪽에는 미끈미끈한 나무들이 하늘을 향해 늠름하게 줄지어 있고 솔 향기와 피톤치드가 은은하게 풍기는 흙길을 안내했다. 군데군데 설치된 운동기구는 학교와 달리 주민이 주인이다. 운동하기에 안성맞춤이다.

운동 조건이 최적이지만 거리가 멀어 시간이 부족하거나 건강이 시원찮아 망설이는 사람에게 융통성 없이 가던 길만 가지 말고 행동반경을 넓히라고 투덜댄다.

바이러스와 싸움이 끝나가는 데 교문은 여전히 닫혀있다. 지난날이 그리워 학교 담 너머로 눈을 집어넣고 운동장을 한 바퀴를 훑어본다. 봐주는 사람이 있든 없든 자연은 다시 찾아오는데 품격을 지키려는 딱 한 사람이 보이지 않는다. 사실 나는 그 사람에게 잘 보이려고 노력했다. 세상을 떠났다는 소식이 아스라이 들린다.

배꼽을 등으로 당기고 허리를 똑바로 세우고 발이 V자가 안 되도록 걸으라는 감시자가 없어 내 팔자는 어쩌지.

이렇게 가는 거야

드디어 보건소에 도착했다. 이번에는 '사전연명의료의향서'를 반듯이 등록할 것이다. 단단한 마음은 아직 변하지 않았다. 관계 상담사무실은 1층이었다. 대기자도 없다. 들어가면 바로 신청될 것이다. 문을 열고 들어가려다 살며시 물러섰다. 망설여져서다. 그리고 명분을 만든다. 나만 하지 말고 부부끼리 상의한 후에 같이 와서 하자.

죽음을 지켜봤다. 오빠가 태어난 곳에 묻혔다. 한여름 밤 느티나무잎 하나가 떨어졌다. 한 사람의 삶이 마무리되던 날 서리도 눈도 오지 않았다. 비도 오지 않았다. 한밤중 주변 사람들 깰까 봐 조용히 떠난 것 같다. 중환자실로 들어가는 순간 묘지에 묻힌 것 같았다. 면회도 불가능했고 섭생도 배설도 호흡도 스스로 해결하지 못했다. 노환이라 쾌차해서 퇴원은 불가능하다는 것은 의사보다 자녀가 더 잘 알고 있었다. 그런데에도 불구하고 한순간이라도 같은 하늘 아래 있고 싶어 안간힘을 쓴다.

예감이었는지 지난 늦가을 느티나무잎들이 싱그러운 바람을 타고 가볍게 날아가던 날 하늘이 유난히 푸르고 높고 맑았다. 산과 들이 곱게 물들고 화려한 단풍이 낙엽 되는 모습이 못내 아쉽다. 눈길을 돌리지 못하고 부스럭부스럭 사각사각 어디론가 사라진 곳을 지켜봤다. 그곳이 꽃길인지 진흙탕인지 알 길 없지만 뒤돌아보지 않고 서둘러 그냥 간다.

헤르만 헤세는 "노인이여 땅에 묻혀라. 씩씩한 소년에게 자리를 물려주라"라고 했다. 낙엽이 땅에 떨어져 밑 거름 되면 나무는 무성할 것이다. 녹음이 짙어지면 강렬한 땡볕을 가려줄 것이고 삶에 지친 인간에게 휴식을 주고 생기를 불어줄 것이다.

고인은 2달 정도 병원을 들락거리다가 입원해서 아이들 극진한 보호와 아내의 정성 어린 배웅을 받으며 눈을 감았다. 심폐소생술, 혈액 투석, 항암제 투여, 인공호흡기 착용 등 과분한 의료 행위 없이 삶을 마무리했다. 셰익스피어가 "오빠를 잃은 슬픔을 하루에 한 번씩은 거처하시던 방에 짜디짠 눈물을 구석구석 뿌리겠노라."라고 한다. 그립고 보고 싶은 마음을 대신한다.

환자의 고통을 지켜보기가 안타깝고 불안해서 병원으로 모실 수밖에 없지만 차갑고 뻣뻣한 의료기들과 기계적이고 의무적으로 오가는 의료진과 낯선 간병인과 보내는 삶이 무슨 의미가 있었을까. 아마 모든 것을 뿌리치고 병원을 빠져나오고 싶었을 것이다.

내가 연명 치료 거부를 생각한 계기가 있었다. 어느 장례식장에서 상주의 홀가분한 표정을 엿볼 기회가 있었다. 고인의 생명 끈을 놓아버린 허탈일까 짐을 덜어버린 가벼움일까. 가식적이고 위선적인 울음보다 자연스러워 보인다. 가족의 발병 통보는 충격이다. 혼신을 바쳐 치료에 집중함은 진심이다. 장기 투병은 환자도 보호자도 인내심이 필요하다. 가

정경제가 거덜 날 지경이면 보호자도 환자도 차도 없는 투병 생활을 포기하라고 유혹할 것이다. 보호자가 쓰러지기 전에 생의 마감은 허탈함에 앞서 남은 자들을 일상으로 되돌려준다.

소크라테스는 사약을 받고 "나는 죽으러 가고 여러분은 살러 갈 시간이 됐다. 우리 중 어느 쪽이 더 좋은 일을 향해서 가고 있는지는 신 말고는 그 누구도 분명치 않습니다."라고 했다. 고인은 나에게 느티나무같이 고향이고 추억이고 그리움이었다. 존재만으로 이글거리는 땡볕을 가려주는 그늘이 되어주고 편안한 쉼터이며 많은 시간을 함께한 추억이다.

자연은 순환한다. 검은 옷을 벗고 앙상한 나뭇가지에 연푸른 싹이 트고 녹음이 짙어진다. 인간의 죽음도 새로운 탄생을 위한 순환이다. 때가 되면 자리를 내줘야 한다.

미루던 사전연명의료의향서를 등록 신청했다. 아이들에게 문서로 남길 수 있어 다행이다. 부부가 동행해야겠지만 우선 나부터 하고 권해볼 것이다.

오빠가 보여줬다. 느티나무잎이 무성할 때 미리 해두라고.

등록카드가 도착했다. 마음이 평온해진다.

그때는 살아 있었다

친구의 죽음은 애절했다. 시간이 갈수록 그녀와 함께 한 시간이 문득 문득 떠오른다. 우리는 그녀가 있어 다양한 문화를 즐겼고 양보라는 어휘를 실감했고 봉사는 말보다 솔선수범이라고 직접 실천하는 것을 목격했다.

그녀가 떠나기 1년 전, 번개가 쳤다. 사전 약속 없이 갑자기 '창경궁 야간 개방'을 관람하자는 신호다. 대학로에서 만나 돌담길을 걸어 창경궁으로 향하는 길에 황사가 최악이다. 황사와 관계없이 일요일 오후 대학로는 젊음이 팝콘처럼 피었고 그들로 발 디딜 틈이 없다. 젊음은 꽃처럼 밝고 녹음처럼 싱그럽다. 발걸음이 경쾌하고 도란거리는 소리가 오케스트라다. 그들과 섞이니 나조차 발걸음이 가볍다.

홍화문을 지나 왼쪽 춘당지로 들어가는 길을 청사초롱이 안내한다. 옥천교 아래로 맑은 물이 환영하듯 흐르고 진한 초록의 대비가 꽃을 더욱 빛나게 하고 곳곳에 이름표를 달고 자신을 밝히는 나무와 꽃들이 제 멋에 겹다. 소나무 중에 독특한 백송을 보면서 최인호 작가가 아른거렸다. 1970년대 "별들의 고향" "상도"나 "해신" 드라마 작가로 유명했지만 내게는 특별한 감정이 있다. 지난 세월 중 제일 힘든 시기에 그를 만났다. 정신적으로 경제적으로 갈피를 못 잡고 방황하다 성당을 찾아갔다. 때마침 주보에 최인호 짧은 글이 연재되고 있었다. 그 글로 많은 위로를 받았다. 그가 투병 중에 『낯익은 타인들의 도시』를 발간했고 나는 바로 사서 읽었다. 그는 심안으로 쓴 글은 남에게 보여주는 소설이 아니라 자기를 위한 소설이라고 했다. 진정 본인의 마음에 드는 소설이라 했다. 고2학년에 문단에 데뷔한 그때처럼 행복한 것이 신비로웠다고 한다. 진정 행복해하는 그 말이 계속되기를 독자로서 교우로서 빌었었다.

번개를 쳐서 창경궁으로 우리를 데리고 온 친구는 사전에 준비도 철저했다. 이번에는 못 가보더도 알아두라는 듯 설명이 길었다. 창경궁은 세종대왕이 태종을 모시기 위해 창건한 수강궁 자리에 성종 때 세분의 대비를 모시기 위해 중건되었다. 임진왜란 때 불타고 광해군 때 중건되어 오늘에 이른다. 명정전은 조선 궁궐 중 400여 년 된 가장 오래된 가치를 인정받아 국보로 지정되었다. 그녀의 준비된 설명은 문화해설사 급이다.

2008년 숭례문 방화범이 2006년 문정전에 불을 질러 문 하나를 태웠을 때 크게 죄를 물었더라면 숭례문 운명은 달라졌을 것이라고 한 유홍준 말을 나도 덧붙였다.

그녀가 계속 해설한다. 일제는 우리 역사를 단절하려고 1909년 창경궁을 동물원과 식물원으로 고쳐 '창경원'으로 격하시켰다. 1983년 과천 서울대공원으로 동물원을 옮겨 치욕의 잔재를 없애고 궁궐 본래 모습으로 복원되었다. '창경원 원숭이 꼴'이란 말은 구경거리가 된다는 말이란다. 자존감 상해 우울하다는 뜻인가. 감히 임금이 거처하던 곳에 동물들이 우글거리다니. 일행이 분노한다.

왕궁의 수많은 사연과 발자취는 세월 속에 묻히고 그 현장만이 남아있다. 정전인 명정전은 종묘 권역을 피해 동쪽으로 자리 잡고 있다. 숙종이 장희빈에게 사약을 내린 곳이고 영조대왕이 어지러운 정국을 잠재우려고 사도세자를 뒤주에 가두어 죽인 곳이다. 사도세자 시신은 선인문을 통해 영원히 궁궐과 이별하고 장희빈도 연산군도 소현세자빈 강빈도 다시 못할 길을 선인문으로 나갔다고 한다.

정조와 헌종이 태어나고 중종이 승하한 조선 역사가 살아 숨 쉬는 곳. 고풍스럽고 고즈넉하다. 근처 생기 넘치는 대학로가 젊음이면 이곳은 위엄있고 엄숙하다, 아프고 숙연한 역사가 깃든 곳이다. 옷깃을 여미고 정숙하게 발길을 옮긴다. 야간이라서 공개되지 않는 곳이 많았다. 대낮에 다시 오기로 약속했다.

춘당지에서는 사진작가들이 멋진 순간을 포착하느라 진지하다. 최악의 황사도 아랑곳없이 명작을 꿈꾸는 그들의 눈빛이 창경궁에 또 다른 별빛이다. 친구도 다른 사람들 사진 찍어주느라 바쁘다. 그녀는 매 순간 다른 사람을 위해서 노력한다. 그녀가 찍어준 사진은 남아있는데 그녀는 가고 없다.

명정전 어좌 뒤에 일월도가 빛난다. 달과 해가 공존한다. 어둠은 밝음을 잉태하고 그 밝음은 영원하진 않고 어두워졌다. 창경궁은 힘차게 웅비하는 지붕을 이고 떠나가는 우리에게 손을 흔들어 준다. 또 오라고. 홍화문 앞에 로봇처럼 서 있는 문지기가 툭 쳐도 꿈쩍 않다가 자신도 모르게 눈을 껌뻑인다. 살아있는 것은 움직인다. 다시 번개를 쳐서 우리를 창경궁으로 데려가겠다는 문우는 영원히 눈을 감아버렸다.

뿌리

　이른 아침부터 친구들 만날 생각에 발걸음이 가볍다. 약 $825,000m^2$ 면적 뚝섬유원지는 하얀 눈으로 덮이고 나목은 찬 바람에 기척도 없다. 한해살이풀들이 계절과 기후에 맞게 크기와 색상과 열매까지 성장하고 숙성되는 일생을 마치고 흙 속에서 다음 해를 준비한다. 오직 억새만이 한겨울 황량하고 넓은 공원을 지킨다.

　봄부터 내 관심을 사로잡던 친구는 억새들. 운동하려고 공원으로 들어서면 싱그럽고 윤기 흐른 모습으로 다소곳이 맞아준다. 너희들이 있어 공원은 촉촉하고 말랑말랑하고 보들보들하다. 너희도 한때는 지난한 시련과 고통이 왜 없었을까. 여리고 빈약함을 원망하고 좌절할 순간이 왜 없었을까. 그 어려움에 단련되어 세찬 바람과 북풍한설에도 아랑곳없이 당당해졌겠지. 단단히 다져진 속 깊은 아량과 지력은 뿌리로부터 밀어 올렸겠지.

　가녀린 억새 줄기를 만난 날은 늦봄이었다. 공원 출입구 양쪽에 양귀비가 줄지어 피었고 장미 공원에는 벌써 장미꽃들이 각양각색으로 화려함의 극치를 이룬다. 나는 느긋하게 감상할 여유가 없음을 아쉬워하며 다른 곳으로 향했다. 웅성웅성 소리에 끌려 힐링 공원으로 들어섰다. 소나무 가문비나무 측백나무 화백나무 등 교목은 교목들과 관목은 관목끼리 유유상종이다. 상록수 그늘에서 낭만을 즐기는 사람들 목소리가 강바람에 섞인다.

또 다른 정원에는 볏과 식물들이 다양하게 모여있다. 억새밭이다. 억새는 빛깔도 줄기 모양도 제각각이다. 제브라, 모닝 라이트, 그린라이트, 물억새 등 이름표로 자신을 소개한다. 파니 쿰스쿠아, 수크령 하멜른, 쥐꼬리 새도 끼어있다. 모두와 첫인사를 했다.

한여름 가늘고 여린 억새 줄기가 바람에 넘실댄다. 소녀의 긴 머리카락 같아 쓰다듬어 보려고 손을 내밀자 "만지지 마세요."라고 사르르 빠져나가 버린다. 그 잔잔한 푸른 물결에 거칠고 경직된 마음을 녹여보려는 듯 날마다 공원으로 간다. 나긋나긋 한들한들 흔들리는 억새 숲에 들고양이들이 살고 있다. 이른 아침부터 그들 쉼터를 방문해서 미안하다. 살짝 지나가려는데 경계하지 않고 눈을 마주친다. 여기저기서 나와 반겨 주는 고양이들에게도 억새 숲은 아늑한 마을이다. 억새는 무리 지어 생존한다. 가녀린 줄기를 서로 기대고 붙들고 존재한다. 강렬한 햇볕과 짓궂은 폭풍우도 견뎌냈다. 들녘에 벼들이 필 때쯤 억새도 보라색 모자를 썼다. 모자는 꽃이며 이삭이다.

가을이 깊어갈수록 줄기와 꽃 빛깔이 갈색으로 변한다. 날이 갈수록 우아하고 세련되어 가는 억새 숲을 혼자 즐기기 아까웠다. 지인을 초대하니 시큰둥해한다. 지나치게 호들갑을 떨었나 어색하지만 황홀한 감정과 감흥은 끼리끼리 공유하기 마련이다.

　오래전 아무 준비도 없이 글쓰기에 도전했다. 오로지하고 싶은 열망 하나로 시작했다. 시간이 갈수록 단순한 체험과 얇은 지력에 자신감이 떨어졌다. 계속 갈 것인지 멈출 것인지 중심을 못 잡고 흔들렸다. 갈등하며 망설이는 사이 발걸음이 더욱 뒤처졌다. 포기하려는데 보폭을 같이 해주는 사람들이 있었다. 어깨를 내주고 등을 토닥여 주는 문우들이다. 연배도 성품도 다르지만 같은 취미라는 인연으로 흔들리지 않게 해준 뿌리가 '학여울 문학회'였다.

　서로 버팀목이 되었던 학여울이 20번째 동인지를 발간한다는 소식이다. 교양과 덕목을 갖춘 중후함이다. 일생일대 건강관리 잘한 성숙한 열매다.

　억새는 다년생 초본식물이다. 지금은 함께하지 않아도 뿌리 깊은 학여울 문학회가 오래오래 건재하기를 기원한다.

　(학여울 20집 기념 축사)